CODE

DU DIVORCE

ET DE

L'ÉTAT CIVIL DES CITOYENS.

MANUEL
JUDICIAIRE JOURNALIER
DU CITOYEN.

De l'arbitrage, des tribunaux de famille et domestiques, des bureaux de paix, des juges de paix, de la police municipale, rurale, correctionnelle, de sûreté, de la gendarmerie, des prisons et des jurés.

PAR A. G. DAUBANTON, *greffier de juge de paix, à Paris.*

Se vend chez PRAULT, au Dépôt des Décrets de la Convention Nationale, au palais.

CODE
DU DIVORCE

ET DE

L'ÉTAT CIVIL DES CITOYENS,

PAR ORDRE

ALPHABÉTIQUE ET DE MATIÈRES;

AVEC FORMULES

De tous les Actes et suite du Divorce, de Naissance, Mariage et Décès ;

Augmenté du Décret de la Convention nationale du 19 décembre 1792, additionnel à la Loi sur l'état civil des Citoyens.

SECONDE ÉDITION.

Par l'Auteur du Manuel Judiciaire.

A PARIS,

DE L'IMPRIMERIE DE PRAULT S. M.

AU PALAIS.

M. DCC. XCIII.

CODE
DU DIVORCE,
ET DE
L'ÉTAT CIVIL DES CITOYENS.

N°. 2542.

LOI

Qui détermine le mode de constater l'état civil des citoyens.

Du 20 septembre 1792, l'an IVe de la liberté.

L'Assemblée Nationale, après avoir entendu le rapport de son comité de législation, les trois lectures du projet de décret sur le mode par lequel les naissances, mariages et décès seront constatés, et avoir décrété qu'elle est en état de délibérer définitivement, décrète ce qui suit :

TIT. I.

TITRE PREMIER.

Des Officiers publics par qui seront tenus les registres des Naissances, Mariages et Décès.

ARTICLE PREMIER.

LES municipalités recevront et conserveront à l'avenir les actes destinés à constater les naissances, mariages et décès.

II.

LES conseils généraux des communes nommeront parmi les membres, suivant l'étendue et la population des lieux, une ou plusieurs personnes qui seront chargées de ces fonctions.

III.

LES nominations seront faites par la voie du scrutin, et à la pluralité absolue des suffrages ; elles seront publiées et affichées.

IV.

En cas d'absence ou empêchement légitime de l'officier public chargé de recevoir les actes de naissance, mariage et décès, il sera remplacé par le maire, ou par un officier municipal, ou par un autre membre du conseil général, à l'ordre de la liste.

TIT. II.

TITRE II.

De la tenue et dépôt des Registres.

ARTICLE PREMIER.

IL y aura dans chaque municipalité trois registres pour constater, l'un les naissances, l'autre les mariages, le troisième les décès.

II.

LES trois registres seront doubles, sur papier timbré, fournis aux frais de chaque district, et envoyés aux municipalités par les directoires, dans les quinze premiers jours du mois de décembre de chaque année ; ils seront cotés par premier et dernier, et paraphés sur chaque feuillet, le tout sans frais, par le présideut de l'administration du district, ou à son défaut, par un des membres du directoire, suivant l'ordre de la liste.

TIT. II.

III.

Les actes de naissance, mariage et décès seront écrits sur les registres doubles, de suite et sans aucun blanc. Les renvois et ratures seront approuvés et signés de la même manière que le corps de l'acte. Rien n'y sera écrit par abréviation, ni aucune date mise en chiffres.

IV.

Toute contravention aux dispositions de l'article précédent, sera punie de dix livres d'amende pour la première fois, de vingt livres d'amende en cas de récidive, et même des peines portées par le code pénal en cas d'altération ou de faux.

V.

Il est expressément défendu d'écrire

TIT. II. et de signer, en aucun cas, les actes sur feuilles volantes, à peine de cent livres d'amende, de destitution et de privation pendant dix ans, de la qualité et des droits de citoyen actif.

VI.

Les actes contenus dans ces registres, et les extraits qui en seront délivrés, feront foi et preuve en justice, des naissances, mariages et décès.

VII.

Les actes qui seront inscrits dans les registres, ne seront point sujets au droit d'enregistrement.

VIII.

Dans les quinze premiers jours du mois de janvier de chaque année, il sera fait à la fin de chaque registre une table par ordre alphabétique, des actes qui y seront contenus.

IX.

Dans le mois suivant, les municipalités seront tenues d'envoyer au directoire de leur district, l'un des registres doubles.

X.

Les directoires de district vérifieront si les actes ont été dressés, et les registres tenus dans les formes prescrites.

XI.

Dans les quinze premiers jours du mois de mars, les procureurs-syndics seront tenus d'envoyer ces registres aux directoires de département, avec les observations des directoires de district.

XII.

Ces registres seront déposés et conservés aux archives des directoires de département.

TIT. II.

XIII.

Les autres registres doubles seront déposés et conservés aux archives des municipalités.

XIV.

Les procureurs-généraux-syndics des départemens seront chargés des dénonciations et poursuites, en cas de contravention au présent décret.

XV.

Tous les dix ans, les tables annuelles faites à la fin de chaque registre seront refondues dans une seule; néanmoins, pour déterminer une époque fixe et uniforme, la première de ces tables générales sera faite en 1800.

XVI.

Cette table décennale sera mise sur un registre séparé, tenu double, timbré, coté et paraphé.

TIT. II.

XVII.

L'UN des doubles de ces registres sera envoyé, dans les quinze pramiers jours du mois de mai de la onzième année, aux directoires de district, et transmis dans le mois suivant, par le procureur-syndic, au directoire du département, pour être placé dans le même dépôt.

XVIII.

TOUTES personnes sont autorisées à se faire délivrer des extraits des actes de naissance, mariage et décès, soit sur les registres conservés aux archives des municipalités, soit sur ceux déposés aux archives des départemens. Les extraits devront être sur papier timbré; ils ne seront pas sujets au droit d'enregistrement.

XIX.

IL ne sera payé que six sous pour

TIT. II. chaque extrait des actes de naissance, décès et publication de mariage, et douze sous pour chaque extrait des actes de mariage, non compris le timbre.

XX.

Les extraits demandés sur les registres courans, seront délivrés par celui qui sera chargé de les tenir. Après le dépôt, les extraits seront expédiés par les secrétaires-greffiers des municipalités ou des départemens.

XXI.

Les registres courans seront tenus par celui qui sera chargé de recevoir les actes. Il en répondra.

XXII.

Dans les villes dont l'étendue et la population exigent qu'il y ait plus d'un officier public, chargé de constater les naissances, mariages et décès, il sera fourni trois registres doubles à chacun d'eux ; ils seront tenus de se conformer aux règles ci-dessus prescrites.

TIT. II.

T. III.

TITRE III.

Naissances.

ARTICLE PREMIER.

LES actes de naissance seront dressés dans les vingt-quatre heures de la déclaration qui sera faite par les personnes ci-après désignées, assistées de deux témoins de l'un ou de l'autre sexe, parens ou non parens, âgés de vingt-un ans.

II.

EN quelque lieu que la femme mariée accouche, si son mari est présent et en état d'agir, il sera tenu de faire la déclaration.

III.

LORSQUE le mari sera absent ou ne pourra agir, ou que la mère ne ne sera pas mariée, le chirurgien ou la sage-femme qui auront fait l'accouchement, seront obligés de déclarer la naissance. T. III.

I V.

QUAND une femme accouchera, soit dans une maison publique, soit dans la maison d'autrui, la personne qui commandera dans cette maison, ou qui en aura la direction, sera tenue de déclarer la naissance.

V.

EN cas de contravention aux précédens articles, la peine contre les personnes chargées de faire la déclaration, sera de deux mois de prison; cette peine sera poursuivie par le procureur de la commune devant le tribunal de police correctionnelle, sauf les poursuites criminelles en cas de suppression, enlèvement ou défaut de représentation de l'enfant.

T. III.

VI.

L'enfant sera porté à la maison commune, ou autre lieu public servant aux séances de la commune : il sera présenté à l'officier public. En cas de péril imminent, l'officier public sera tenu, sur la réquisition qui lui en sera faite, de se transporter dans la maison où sera le nouveau né.

VII.

La déclaration contiendra le jour, l'heure et le lieu de la naissance, la désignation du sexe de l'enfant, le prénom qui lui sera donné, les prénoms et noms de ses père et mère, leur profession, leur domicile ; les prénoms, noms, profession et domicile des témoins.

VIIJ.

Il sera de suite dressé acte de cette déclaration sur le registre double à ce destiné ; cet acte sera signé par le père ou autres personnes qui auront fait la déclaration, par les témoins et par l'officier public : si aucun des déclarans et témoins ne peuvent ou ne savent signer, il en sera fait mention. T. III.

IX.

En cas d'exposition d'enfant, le juge de paix ou l'officier de police qui en aura été instruit, sera tenu de se rendre sur le lieu de l'exposition, de dresser procès-verbal de l'état de l'enfant, de son âge apparent, des marques extérieures, vêtemens et autres indices qui peuvent éclairer sur sa naissance ; il recevra aussi les déclarations de ceux qui auroient quelques connoissances relatives à l'exposition de l'enfant.

X.

Le juge de paix ou l'officier de po-

T. III. lice sera tenu de remettre, dans les vingt-quatre heures, à l'officier public, une expédition de ce procès-verbal, qui sera transcrit sur le registre double des actes de naissance.

X I.

L'OFFICIER public donnera un nom à l'enfant, et il sera pourvu à sa nourriture et à son entretien, suivant les loix qui seront portées à cet effet.

X I I.

IL est défendu aux officiers publics d'insérer par leur propre fait, dans la rédaction des actes et sur les registres, aucunes clauses, notes ou énonciations autres que celles contenues aux déclarations qui leur seront faites, à peine de destitution qui sera prononcée par voie d'rdministration, par les directoires de département sur la dénonciation soit des parties, soit des procureurs des communes ou procureurs-syndics, et sur la réquisition des procureurs-généraux-syndics.

XIII.

Si, antérieurement à la publication de la présente loi, quelques personnes avoient négligé de faire constater la naissance de leurs enfans dans les formes usitées, elles seront tenues, dans la huitaine qui suivra ladite publication, d'en faire la déclaration, conformément aux dispositions ci-dessus.

TITRE IV.

Mariages.

SECTION PREMIÈRE.

Qualités et conditions requises pour pouvoir contracter Mariage.

ARTICLE PREMIER.

L'AGE requis pour le mariage, est quinze ans révolus pour les hommes et treize ans révolus pour les filles.

II.

TOUTE personne sera majeure à vingt-un ans accomplis.

III.

LES mineurs ne pourront être mariés sans le consentement de leurs père ou mère, ou parens ou voisins, ainsi qu'il va être dit.

IV.

Le consentement du père sera suffisant.

V.

Si le père est mort ou interdit, le consentement de la mère suffira également.

VI.

Dans le cas où la mère seroit décédée ou en interdiction, le consentement des cinq plus proches parens paternels ou maternels, sera nécessaire.

VII.

Lorsque les mineurs n'auront point de parens ou n'en auront pas au nombre de cinq dans le district, on y suppléera par des voisins pris dans le lieu où les mineurs seront domiciliés.

VIII.

Les parens et les voisins assemblés dans la maison commune du lieu du domicile du mineur, délibéreront à cet égard, devant le maire ou autre officier municipal à l'ordre de la liste, en présence du procureur de la commune.

IX.

Le consentement sera donné ou refusé, d'après la majorité des suffrages.

X.

Toute personne engagée dans les liens du mariage, ne peut en contracter un second, que le premier n'ait été dissous conformément aux loix.

XI.

Le mariage est prohibé entre les parens naturels et légitimes en ligne directe, entre les alliés dans cette ligne, et entre le frère et la sœur. T. IV.

XII.

CEUX qui sont incapables de consentement, ne peuvent se marier.

XIII.

LES mariages faits contre la disposition des articles précédens, seront nuls et de nul effet.

SECTION II.

Publications.

ARTICLE PREMIER.

LES personnes majeures qui voudront se marier, seront tenues de faire publier leurs promesses réciproques dans le lieu du domicile actuel de chacune des parties. Les promesses des personnes mineures seront publiées dans celui de leurs pères et mères, et si ceux-ci sont morts ou

T. IV. interdits, dans celui où sera tenue l'assemblée de famille requise pour le mariage des mineurs.

II.

Le domicile relativement au mariage, est fixé par une habitation de six mois dans le même lieu.

III.

Le mariage sera précédé d'une publication faite le dimanche à l'heure de midi, devant la porte extérieure et principale de la maison commune, par l'officier public : le mariage ne pourra être contracté que huit jours après cette publication.

IV.

Il sera dressé acte de cette publication sur un registre particulier à ce destiné ; ce registre ne sera pas tenu double ; et sera déposé, lorsqu'il sera fini, aux archives de la municipalité.

V.

L'ACTE de publication contiendra les prénoms, noms, profession et domicile des futurs époux, ceux de leurs pères et mères, et les jour et heure de la publication. Il sera signé par l'officier public.

V I.

UN extrait de l'acte de publication sera affiché à la porte de la maison commune, dans un tableau à ce destiné.

V I I.

DANS les villes dont la population excède dix mille ames, un pareil tableau sera en outre placé sur la principale porte du chef-lieu des sections sur lesquelles les futurs époux habiteront.

T. IV.

SECTION III.

Oppositions.

ARTICLE PREMIER.

LES personnes dont le consentement est requis pour les mariages des mineurs, pourront seules s'y opposer.

II.

SERONT également reçus à former opposition aux mariages, soit des majeurs, soit des mineurs, les personnes déjà engagées par mariage avec l'une des parties.

III.

DANS le cas de démence des majeurs, et lorsqu'il n'y aura point encore d'interdiction prononcée, l'opposition de deux parens sera admise.

IV.

L'ACTE d'opposition en contiendra les motifs, et sera signé par la partie opposante

opposante, ou par son fondé de procuration spéciale, sur l'original et sur la copie. Il sera donné copie des procurations en tête de celle de l'opposition.

V.

L'ACTE d'opposition sera signifié au domicile des parties, et à l'officier public, qui mettra son *visa* sur l'original.

VI.

IL sera fait une mention sommaire des oppositions par l'officier public, sur les registres des publications.

VII.

LA validité de l'opposition sera jugée en première instance par le juge de paix du domicile de celui contre lequel l'opposition aura été formée; il y sera statué dans trois jours. L'appel sera porté au tribunal du district, sans que les parties soient obligées de se présenter au bureau de conciliation ; le tribunal prononcera sommairement et dans la huitaine. Les délais, soit par-devant le juge de paix, soit par-devant le tribunal d'appel, ne pourront être prorogés.

VIII.

UNE expédition des jugemens de main-levée sera remise à l'officier public, qui en fera mention en marge de celle des oppositions sur le registre des publications.

IX.

TOUTES oppositions formées hors les cas, les formes, et par toutes personnes autres que celles ci-dessus désignées, seront regardées comme non avenues, et l'officier public pourra passer outre à l'acte de mariage ; mais dans les cas et les formes ci-dessus spécifiés, il ne pourra passer outre au préjudice des oppositions, à peine de destitution, de trois cents livres d'amende, et de tous dommages et intérêts.

SECTION IV.

Des Formes intrinsèques de l'Acte de Mariage.

ARTICLE PREMIER.

L'ACTE de mariage sera reçu dans la maison commune du lieu du domicile de l'une des parties.

II.

LE jour où les parties voudront contracter leur mariage, sera par elles désigné, et l'heure indiquée par l'officier public chargé d'en recevoir la déclaration.

III.

LES parties se rendront dans la salle

publique de la maison commune, avec T. IV. quatre témoins majeurs, parens ou non parens, sachant signer, s'il peut s'en trouver aisément dans le lieu qui sachent signer.

IV.

Il sera fait lecture en leur présence, par l'officier publ c, des pièces relatives à l'état des parties et aux formalités du mariage, tels que les actes de naissance, les consentemens des pères et mères, l'avis de la famille, les publications, oppositions et jugemens de main-levée.

V.

Après cette lecture, le mariage sera contracté par la déclaration que fera chacune des parties, à haute voix, en ces termes :

Je déclare prendre (le nom) *en mariage.*

VI.

Aussitôt après cette déclaration faite par les parties, l'officier public, en leur présence et en celle des mêmes témoins, prononcera, au nom de la loi, qu'elles sont unies en mariage.

VII.

L'acte de mariage sera de suite dressé par l'officier public; il contiendra 1°. les prénoms, noms, âge, lieu de naissance, profession et domicile des époux; 2°. les prénoms, noms, profession et domicile des pères et mères; 3°. les prénoms, noms, âge, profession, domicile des témoins, et leur déclaration s'ils sont parens ou alliés des parties; 4°. la mention des publications dans les divers domiciles, des oppositions qui auroient été faites, et des jugemens de main-levée; 5°. la mention du consentement des pères et mères, ou de la famille, dans les cas où il y a lieu; 6°. la mention des déclarations des parties, et de la prononciation de l'officier public.

VIII.

Cet acte sera signé par les parties, par leurs pères, mères et parens présens, par les quatre témoins, et par l'officier public; en cas qu'aucun d'eux ne sût ou ne pût signer, il en sera fait mention.

IX.

Si, antérieurement à la publication de la présente loi, quelques personnes s'étoient mariées devant des officiers civils, elles seront tenues de venir, dans la huitaine, déclarer leur mariage devant l'officier public de la municipalité de leur domicile, lequel en dressera acte sur les registres aux formes ci-dessus prescrites.

SECTION V.

T. IV.

Du Divorce dans ses rapports avec les fonctions de l'Officier public chargé de constater l'état civil des Citoyens.

ARTICLE PREMIER.

Aux termes de la constitution, le mariage est dissoluble par le divorce.

II.

La dissolution du mariage par le divorce, sera prononcée par l'officier public chargé de recevoir les actes de naissance, mariage et décès, dans la forme qui suit.

III.

Lorsque deux époux demanderont conjointement le divorce, ils se présenteront accompagnés de quatre témoins majeurs, devant l'officier public, en la maison commune, aux jour et heure qu'il aura indiqués : ils justifieront qu'ils ont observé les délais exigés par la loi sur le mode du divorce, ils représenteront l'acte de non-conciliation qui aura dû leur être délivré par leurs parens assemblés; et sur leur réquisition, l'officier public prononcera que leur mariage est dissous.

IV.

Il sera dressé acte du tout sur le registre des mariages; cet acte sera signé des parties, des témoins et de l'officier public, ou il sera fait mention de ceux qui n'auront pu ou su signer.

V.

Si le divorce est demandé par l'un des conjoints seulement, il sera tenu de faire signifier à son conjoint un acte aux fins de le voir prononcer : cet acte contiendra réquisition de se trouver en la maison commune de la municipalité, dans l'étendue de laquelle le mari a son domicile, et devant l'officier public chargé des actes de naissances, mariages et décès, dans le délai qui aura été fixé par cet officier. Ce délai ne pourra être moindre de trois jours, et en outre d'un jour par dix lieues, en cas d'absence du conjoint appelé.

V I.

A l'expiration du délai, le conjoint demandeur se présentera, accompagné de quatre témoins majeurs, devant l'officier public : il représentera les différens actes ou jugemens qui doivent justifier qu'il a observé les formalités et les délais exigés par la loi sur le mode du divorce, et qu'il est fondé à le demander; il représentera aussi l'acte de réquisition qu'il aura dû faire signifier à son conjoint,

T. IV.

aux termes de l'article précédent ; et sur sa réquisision, l'officier public prononcera, en présence ou en absence du conjoint duement appelé, que le mariage est dissous.

VII.

IL sera donné acte du tout sur le registre des mariages, en la forme réglée par l'article IV ci-dessus.

VIII.

S'IL s'élève des contestations de la part du conjoint contre lequel le divorce sera demandé, sur aucun des actes ou jugemens représentés par le conjoint demandeur, l'officier public n'en pourra prendre connoissance ; il renverra les parties à se pourvoir.

IX.

L'OFFICIER public qui aura prononcé le divorce, et en aura fait dresser acte sur les registres des mariages, sans qu'il lui ait été justifié des délais, des actes et des jugemens exigés par la loi sur le divorce, sera destitué de son état, condamné à cent livres d'amende, et aux dommages-intérêts des parties.

TITRE V.

Décès.

Article premier.

La déclaration du décès sera faite par les deux plus proches parens ou voisins de la personne décédée, à l'officier public, dans les vingt-quatre heures.

II.

L'officier public se transportera au lieu où la personne sera décédée; et après s'être assuré du décès, il en dressera l'acte sur les registres doubles. Cet acte contiendra les prénoms, noms, âge, profession et domicile du décédé. S'il étoit marié ou veuf, dans ces deux cas, les prénoms et noms de l'épouse, les prénoms, noms, âge, profession et domicile des déclarans;

et

et au cas qu'ils soient parens : leur degré de parenté.

TIT. V.

III.

Le même acte contiendra de plus autant qu'on pourra le savoir, le prénoms, noms, profession et domicile des père et mère du décédé, et le lieu de sa naissance.

IV.

Cet acte sera signé par les déclarans et par l'officier public; mention sera faite de ceux qui ne sauroient ou ne pourroient signer.

V.

En cas de décès dans les hôpitaux, maisons publiques ou dans des maisons d'autrui, les supérieurs, directeurs, admini trateurs et maîtres de ces maisons, seront tenus d'en donner avis dans les vingt-quatre heures, à l'officier public, qui dressera l'acte

TIT. V.

de décès sur les déclarations qui lui auront été faites, et sur les renseignemens qu'il aura pu prendre concernant les prénoms, noms, âge, lieu de naissance, profession et domicile du décédé.

VI.

Si dans le cas du précédent article, l'officier public a pu connoître le domicile de la personne décédée, il sera tenu d'envoyer un extrait de l'acte du décès à l'officier public du lieu de ce domicile, qui le transcrira sur ses registres.

VII.

Les corps de ceux qui auront été trouvés morts avec des signes ou indices de mort violente, ou autres circonstances qui donnent lieu de le soupçonner, ne pourront être inhumés qu'après que l'officier de police aura dressé procès-verbal, aux termes de l'arricle II du titre III de la loi sur la police de sûreté.

TIT. V.

VIII.

L'OFFICIER de police, après avoir dressé le procès-verbal de l'état du cadavre, et des circonstances y relatives, sera tenu d'en donner sur-le-champ avis à l'officier public, et de lui en remettre un extrait contenant des renseignemens sur les prénoms, noms, âge, lieu de naissance, profession et domicile du décédé.

IX.

L'OFFICIER public dressera l'acte de décès, sur les renseignemens qui lui auront été donnés par l'officier de police.

TITRE VI.

Dispositions générales.

ARTICLE PREMIER.

DANS la huitaine à compter de la publication du présent décret, le maire ou un officier municipal, suivant l'ordre de la liste, sera tenu, sur la réquisition du procureur de la commune, de se transporter avec le secrétaire-greffier, aux églises paroissiales, presbytères, et aux dépôts des registres de tous les cultes; ils y dresseront un inventaire de tous les registres existant entre les mains des curés et autres dépositaires. Les registres courans seront clos et arrêtés par le maire ou officier municipal.

II.

Tous les registres, tant anciens

que nouveaux, seront portés et déposés dans la maison commune.

III.

Les actes de naissance, mariage et décès continueront d'être inscrits sur les registres courans, jusqu'au premier janvier 1793.

IV.

Dans deux mois, à compter de la publication du présent décret, il sera dressé un inventaire de tous les registres de baptêmes, mariages, et sépultures, existant dans les greffes des tribunaux. Dans le mois suivant les registres et une expédition de l'inventaire, délivrée sur papier timbré et sans frais, seront, à la diligence des procureurs-généraux syndics, transportés et déposés aux archives des départemens.

V.

Aussitôt que les registres courans auront été clos, arrêtés et portés à la maison commune, les municipalités seules recevront les actes de naissances, mariages et décès, et conserveront les registres. Défenses sont faites à toutes personnes de s'immiscer dans la tenue de ces registres, et dans la réception de ces actes.

VI.

Les corps administratifs sont spécialement chargés par la loi, de surveiller les municipalités dans l'exercice des nouvelles fonctions qui leur sont attribuées.

VII.

Toutes les loix contraires aux dispositions de celle-ci, sont et demeurent abrogées.

VIII.

L'ASSEMBLÉE NATIONALE, après avoir déterminé le mode de constater désormais l'état civil des citoyens, déclare qu'elle n'entend ni innover, ni nuire à la liberté qu'ils ont tous de consacrer les naissances, mariages et décès par les cérémonies du culte auquel ils sont attachés, et par l'intervention des ministres de ce culte.

AU NOM DE LA NATION,

Le conseil exécutif provisoire, mande et ordonne à tous les corps administratifs et tribunaux, que les présentes ils fassent consigner dans leurs registres, lire, publier et afficher dans leurs départemens et ressorts respectifs, et exécuter comme loi. En foi de quoi nous avons signé ces présentes, auxquelles nous avons fait apposer le sceau de l'État. A Paris, le vingt-cinquième jour du mois de

T. VI.

septembre mil sept cent quatre-vingt-douze, l'an premier de la république françoise. *Signé* LE BRUN. *Contresigné* DANTON. Et scellées du sceau de l'état.

N° 287.

DÉCRET

DE LA CONVENTION NATIONALE,

Additionnel, concernant le mode de constater l'état civil de citoyens par les municipalités.

Du 19 décembre 1792, l'an premier de la république françoise.

LA CONVENTION NATIONALE, ouï le rapport de son comité de législation, décrète :

SECTION PREMIÈRE.

Articles communs à toutes les municipalités de la république.

ARTICLE PREMIER.

LES personnes désignées par la loi du 20 septembre dernier pour faire les déclarations de naissance et de décès, seront tenues de faire ces déclarations dans les trois jours de la naissance et du décès sous peine de prison, qui sera prononcée par voie de police correctionnelle, et ne pourra excéder deux moit pour la première fois, et six mois en cas de récidive; sauf les poursuites criminelles en cas de suppression, d'enlèvement ou de défaut de représentation de l'enfant ou de récélement du décès. Les déclarations de décès seront faites avant l'inhumation, à peine de prison, comme il est dit ci-dessus.

I I.

Il sera payé pour chaque extrait d'acte de divorce, la même taxe que pour un extrait d'un acte de mariage.

I I I.

Le registre particulier prescrit

pour les publications de mariage, servira aussi pour les actes préliminaires du divorce, qui doivent être dressés par un officier municipal; et il sera payé pour chaque extrait d'acte préliminaire du divorce, la même taxe que pour un extrait de publication de mariage.

IV.

Les actes de divorce ne seront point enregistrés sur le registre des actes de mariage, dans lequel ils seront insérés, mais sur la première expédition qui en sera faite, et qui ne sera délivrée qu'après le payement du droit d'enregistrement, duquel, ainsi que de la date et du remboursement, il sera fait mention à côté de l'acte en marge du registre de la municipalité.

V.

Les registres desdits actes préliminaires du divorce, et ceux de publication des mariages et d'opposition auxdits mariages, seront sur papier timbré, fournis aux frais de chaque district, et envoyés aux municipalités par les directoires, tous les quinze premiers jours du mois de décembre de chaque année; ils seront côtés par premier et dernier, et paraphés sur chaque feuillet par le président de l'administration du district, ou à son défaut, par un des membres du directoire. Tous lesdits registres et extraits qui en seront délivrés, sont exempts de la formalité et du droit d'enregistrement.

SECTION

SECTION II.

Articles particuliers pour les communes dont la population est de cinquante mille ames et au-dessus.

ARTICLE PREMIER.

DANS les communes de cinquante mille ames et au-dessus, les déclarations de naissance et de décès se feront d'abord devant le commissaire de police de la section ou du quartier.

II.

CES déclarations devant lesdits commissaires de police, seront faites dans les trois jours de la naissance, et au surplus dans les mêmes formes avec les mêmes indications et par les mêmes personnes désignées dans la loi du 20 septembre dernier. En cas de péril imminent, le commissaire de police sera tenu, sur la réquisition qui lui en sera faite, de se transporter à la maison où sera le nouveau né. Il se transportera au lieu où la personne sera décédée et s'assurera du décès; et s'il y a indice de mort violente, il se conformera aux articles VII., VIII et IX du titre V. de la loi du 20 septembre 1792.

III.

Il sera fourni à chacun des commissaires de police deux régistres simples, l'un pour les naissances et l'autre pour les décès. Le commissaire de police dressera sur l'un de ces registres le procès-verbal de la déclaration qui lui sera faite, et le signera avec les déclarans et les témoins.

IV.

Il délivrera sur-le-champ sur papier libre et sans frais, copie du procès-verbal certifiée de lui, aux déclarans, qui seront tenus de se présenter ensuite dans les vingt-quatre heures, sous les peines portées en l'article Ier. de la section précédente, à la maison commune, assistés de leurs témoins, pour y faire dresser l'acte de naissance ou de décès, en représentant la copie dudit procès-verbal.

V.

Les registres mentionnés en l'article III de la présente section, seront fournis par les municipalités; ils seront cotés par premier et dernier, et paraphés sur chaque feuillet, le tout sans frais, par le maire, ou à son défaut par un officier municipal suivant l'ordre et la liste. Tous lesdits registres et les extraits qui en sont délivrés, sont exempts de la formalité et du droit d'enregistrement.

VI.

DANS les huit premiers jours de chaque trimestre, chacun desdits commissaires déposera ses registres de naissance et décès du trimestre précédent à la maison commune; et les officiers municipaux seront tenus d'en faire le récollement avec les registres généraux, de relever les contraventions, s'il en a été commis, et de les dénoncer au procureur de la commune, qui sera tenu de poursuivre les personnes trouvées en contravention, pour les faire punir comme il est dit en l'article premier de la section première de la présente loi.

VII.

LES conseils généraux desdites communes pourront nommer au scrutin et à la pluralité absolue des sufſrages, un commis en chef, qui sera chargé de la garde de tous les registres servant à constater l'état civil des citoyens, et tous ces registres seront en conséquence réunis dans le même lieu.

VIII.

Les conseils généraux desdites communes pourront se faire autoriser par l'administration du département, à percevoir pour les extraits des registres concernant l'état civil des citoyens, une taxe plus forte que celle qui est ſixée à l'égard des autres communes de la république; mais le *maximum* de cette taxe ne pourra excéder dix sous pour chaque extrait d'acte de naissance, décès, publication de mariage ou d'acte préliminaire du divorce, et vingt sous pour chaque extrait d'acte de mariage ou de divorce, le tout non compris le timbre.

Au nom de la République,

Le conseil exécutif provisoire mande et ordonne à tous les corps administratifs et tribunaux, que la présente loi ils fassent consigner dans leurs registres, lire, publier et afficher, et exécnter dans leurs départemens et ressorts respectifs; en foi de quoi nous y avons apposé notre signature et le sceau de la république. A Paris, le vingt-quatrième jour du mois de décembre mil sept cent quatre-vingt-douze, l'an premier de la république française. *Signé* Roland. *Contresigné* Garat. Et scellée du sceau de la république.

LOI

N°. 2559.

QUI DÉTERMINE

LES CAUSES,

LE MODE ET LES EFFETS

DU DIVORCE.

Du 20 Septembre 1792.

L'an quatrième de la Liberté.

L'ASSEMBLÉE NATIONALE considérant combien il importe de faire jouir les François de la faculté du divorce, qui résulte de la liberté individuelle dont un engagement indissoluble seroit la perte; considérant que déjà plusieurs époux n'ont pas attendu, pour jouir des avantages de a disposition constitutionnelle, suivant laquelle le mariage n'est qu'un

§. Ier. contrat civil, que la loi eût réglé le mode et les effets du divorce, décrète qu'il y a urgence.

L'Assemblée Nationale, après avoir décrété l'urgence, décrète sur les causes, le mode et les effets du divorce, ce qui suit.

PARAGRAPHE Ier.

CAUSES DU DIVORCE.

ARTICLE PREMIER.

Le mariage se dissout par le divorce.

II.

Le divorce a lieu par le consentement mutuel des époux.

III.

L'un des époux peut faire prononcer le divorce, sur la simple allégation

tion d'incompatibilité d'humeur ou de caractère.

IV.

CHACUN des époux peut également faire prononcer le divorce sur des motifs déterminés ; savoir, 1.° sur la démence, la folie ou la fureur de l'un des époux ; 2.° sur la condamnation de l'un d'eux à des peines afflictives ou infamantes ; 3.° sur les crimes, sévices ou injures graves de l'un envers l'autre ; 4.° sur le dérèglement de mœurs notoire, 5.° sur l'abandon de la femme par le mari ou du mari par la femme, pendant deux ans au moins ; 6.° sur l'absence de l'un d'eux, sans nouvelles, au moins pendant cinq ans ; 7.° sur l'émigration dans les cas prévus par les loix, notamment par le décret du 8 avril 1792.

V.

LES époux maintenant séparés de

§. Ier. corps par jugement exécuté ou en dernier ressort, auront mutuellement la faculté de faire prononcer leur divorce.

V I.

Toutes demandes et instances en séparation de corps non jugées, sont éteintes et abolies; chacune des parties payera ses frais. Les jugemens de séparation non exécutés ou attaqués par appel ou par la voie de la cassation, demeurent comme non avenus, le tout sauf aux époux à recourir à la voie du divorce, aux termes de la présente loi.

V I I.

A l'avenir aucune séparation de corps ne pourra être prononcée, les époux ne pourront être désunis que par le divorce.

§. II.

PARAGRAPHE II.

MODES DU DIVORCE.

Mode du divorce par consentement mutuel.

ARTICLE PREMIER.

LE mari et la femme qui demanderont conjointement le divorce, seront tenus de convoquer une assemblée de six au moins des plus proches parens, ou d'amis à défaut de parens; trois des parens ou amis seront choisis par le mari, les trois autres seront choisis par la femme.

I I.

L'ASSEMBLÉE sera convoquée à jour fixe et lieu convenu avec les parens ou amis; il y aura au moins un mois d'intervalle entre le jour de la convo-

§. II.

cation et celui de l'assemblée. L'acte de convocation sera signifié par un huissier aux parens ou amis convoqués.

III.

Si, au jour de la convocation, un ou plusieurs des parens ou amis convoqués, ne peuvent se trouver à l'assemblée, les époux les feront remplacer par d'autres parens ou amis.

IV.

Les deux époux se présenteront en personne à l'assemblée ; ils y exposeront qu'ils demandent le divorce. Les parens ou amis assemblés leur feront les observations et représentations qu'ils jugeront convenables. Si les époux persistent dans leur dessein, il sera dressé par un officier municipal requis à cet effet, un acte contenant simplement que les parens ou amis ont entendu les époux en assemblée

assemblée duement convoquée, et qu'ils n'ont pu les concilier. La minute de cet acte, signée des membres de l'assemblée, des deux époux et de l'officier municipal, avec mention de ceux qui n'auront su ou pu signer, sera déposée au greffe de la municipalité : il en sera délivré expédition aux époux gratuitement, et sans droit d'enregistrement.

§. II.

V.

UN mois au mois, et six mois au plus après la date de l'acte énoncé dans l'article précédent, les époux pourront se présenter devant l'officier public chargé de recevoir les actes de mariage dans la municipalité où le mari a son domicile; et sur leur demande, cet officier public sera tenu de prononcer leur divorce sans entrer en connoissance de cause. Les parties et l'officier public se conformeront

§. II. aux formes prescrites à ce sujet, dans la loi sur les actes de naissance, mariage et décès.

VI.

Après le délai de six mois, mentionné dans le précédent article, les époux ne pourront être admis au divorce par consentement mutuel, qu'en observant de nouveau les mêmes formalités et les mêmes délais.

VII.

En cas de minorité des époux ou de l'un d'eux, ou s'ils ont des enfans nés de leur mariage, les délais ci-dessus indiqués, d'un mois pour la convocation de l'assemblée de famille, et d'un mois au moins après l'acte de non-conciliation pour faire prononcer le divorce, seront doubles; mais le délai fatal de six mois après l'acte de non-conciliation, pour faire prononcer le divorce, restera le même.

Mode du divorce sur la demande d'un des conjoints pour simple cause d'incompatibilité. §. II.

VIII.

DANS le cas où le divorce sera demandé par l'un des époux contre l'autre, pour cause d'incompatibilité d'humeur ou de caractère, sans autre indication de mòtifs, il convoquera une première assemblée de parens, ou d'amis à défaut de parens, laquelle ne pourra avoir lieu qu'un mois après la convocation.

IX.

LA convocation sera faite devant l'un des officiers municipaux du domicile du mari, en la maison commune du lieu, aux jour et heure indiqués par cet officier. L'acte en sera signifié à l'époux défendeur, avec déclaration des noms et de-

§. II. meures des parens ou amis au nombre de trois au moins, que l'époux demandeur entend faire trouver à l'assemblée, et invitation à l'époux défendeur de comparoître à l'assemblée, et d'y faire trouver de sa part également trois, au moins, de ses parens ou amis.

X.

L'ÉPOUX demandeur en divorce sera tenu de se présenter en personne à l'assemblée. Il entendra, ainsi que l'époux défendeur, s'il comparoît, les représentations des parens ou amis à l'effet de les concilier. Si la conciliation n'a pas lieu, l'assemblée se prorogera à deux mois, et les époux y demeureront ajournés. L'officier municipal sera tenu de se retirer pendant ces explications et les débats de famille; en cas de non-conciliation, il sera rappelé dans l'assemblée

§. II.

XIV.

HUITAINE au moins, ou au plus dans les six mois après la date du dernier acte de non-conciliation, l'époux provoquant pourra se présenter pour faire prononcer le divorce, devant l'officier public chargé de recevoir les actes de mariage dans la municipalité où le mari a son domicile ; il observera, ainsi que l'officier public, les formes prescrites à ce sujet dans la loi sur les actes de naissance, mariage et décès. Après les six mois, il ne pourra y être admis qu'en observant de nouveau les mêmes formalités et les mêmes délais.

Mode du divorce sur la demande d'un des époux pour cause déterminée.

XV.

EN cas de divorce demandé par l'un des époux pour l'un des sépt

§. II. motifs déterminés, indiqués dans l'article IV du paragraphe premier ci-dessus, ou pour cause de séparation de corps, aux termes de l'article V, il n'y aura lieu à aucun délai d'épreuve.

XVI.

Si les motifs déterminés sont établis par des jugemens, comme dans les cas de séparation de corps, ou de condamnation à des peines afflictives ou infamantes, l'époux qui demandera le divorce, pourra se pourvoir directement pour le faire prononcer, devant l'officier public chargé de recevoir les actes de mariage dans la municipalité du domicile du mari. L'officier public ne pourra entrer en aucune connoissance de cause. S'il s'élève devant lui des contestations sur la nature ou la validité des jugemens représentés, il renverra les parties devant le tribunal de district, pour en dresser acte, ainsi que de la prorogation dans la forme prescrite par l'article IV ci-dessus : expédition de cet acte sera délivrée à l'époux demandeur, qui sera tenu de le faire signifier à l'époux défendeur, si celui-ci n'a pas comparu à l'assemblée.

XI.

A l'expiration des deux mois, l'époux demandeur sera tenu de comparoître de nouveau en personne. Si les représentations qui lui seront faites, ainsi qu'à son époux s'il comparoît, ne peuvent encore les concilier, l'assemblée se prorogera à trois mois, et les époux y demeureront ajournés : il en sera dressé acte, et la signification en sera faite, s'il y a lieu, comme au cas de l'article précédent.

XII.

Si à la troisième séance de l'as-

§. II. semblée à laquelle le provoquant sera également tenu de comparoître en personne, il ne peut être concilié, et persiste définitivement dans sa demande, acte en sera dressé : il lui en sera délivré expédition qu'il fera signifier à l'époux défendeur.

XIII.

Si aux première, seconde ou troisième assemblées, les parens ou amis indiqués par le demandeur en divorce ne peuvent s'y trouver, il pourra les faire remplacer par d'autres à son choix. L'époux défendeur pourra aussi faire remplacer à son choix les parens ou amis qu'il aura fait présenter aux premières assemblées ; et enfin l'officier municipal lui-même, chargé de la rédaction des actes de ces assemblées, pourra, en cas d'empêchement, être remplacé par un de ses collègues.

qui statuera en dernier ressort, et prononcera si ces jugemens suffisent pour autoriser le divorce.

XVII.

DANS le cas de divorce pour absence de cinq ans sans nouvelles, l'époux qui le demandera pourra également se pourvoir directement devant l'officier public de son domicile, lequel prononcera le divorce sur la présentation qui lui sera faite d'un acte de notoriété, constatant cette longue absence.

XVIII.

A l'égard du divorce fondé sur les autres motifs déterminés, indiqués dans l'article IV du paragraphe premier ci-dessus, le demandeur sera tenu de se pourvoir devant des arbitres de famille, en la forme prescrite dans le code de l'ordre judiciaire pour les contestations entre mari et femme.

§. II.

XIX.

Si d'après la vérification des faits, les arbitres jugent la demande fondée, ils renverront le demandeur en divorce devant l'officier du domicile du mari, pour faire prononcer le divorce.

XX.

L'appel du jugement arbitral en suspendra l'exécution; cet appel sera instruit sommairement, et jugé dans le mois.

PARAGRAPHE III.

EFFETS DU DIVORCE,

Par rapport aux époux.

Article premier.

Les effets du divorce par rapport à la personne des époux, sont de rendre au mari et à la femme leur entière indépendance, avec la faculté de contracter un nouveau mariage.

I I.

Les époux divorcés peuvent se remarier ensemble. Ils ne pourront contracter avec d'autres un nouveau mariage, qu'un an après le divorce, lorsqu'il a été prononcé sur consentement mutuel, ou pour simple cause d'incompatibilité d'humeur et de caractère.

§. III.

III.

Dans le cas où le divorce a été prononcé pour cause déterminée, la femme ne peut également contracter un nouveau mariage avec un autre que son premier mari, qu'un an après le divorce, si ce n'est qu'il soit fondé sur l'absence du mari depuis cinq ans sans nouvelles.

IV.

De quelque manière que le divorce ait lieu, les époux divorcés seront réglés par rapport à la communauté de biens, ou à la société d'acquêts qui a existé entre eux, soit par la loi, soit par la convention, comme si l'un d'eux étoit décédé.

V.

Il sera fait exception à l'article précédent, pour le cas où le divorce aura été obtenu par le mari contre

la

la femme, pour l'un des motifs déterminés, énoncés dans l'article IV du paragraphe premier ci-dessus, autre que la démence, la folie ou la fureur; la femme en ce cas sera privée de tous droits et bénéfice dans la communauté de biens ou société d'acquêts; mais elle reprendra les biens qui y sont entrés de son côté.

VI.

A l'égard des droits matrimoniaux emportant gain de survie, tels que douaire, augment de dot ou agencement, droit de viduité, droit de part dans les biens meubles ou immeubles du prédécédé, ils seront, dans tous les cas de divorce, éteints et sans effet. Il en sera de même des dons ou avantages pour cause de mariage, que les époux ont pu se faire réciproquement, ou l'un à l'autre,

§. III. ou qui ont pu être faits à l'un d'eux par les père, mère, ou autres parens de l'autre. Les dons mutuels faits depuis le mariage et avant le divorce, resteront aussi comme non avenus et sans effet, le tout sauf les indemnités ou pensions énoncées dans les articles qui suivent.

VII.

Dans le cas de divorce pour l'un des motifs déterminés énoncés dans l'article IV du paragraphe premier ci-dessus, celui qui aura obtenu le divorce sera indemnisé de la perte des effets du mariage dissous, et de ses gains de survie, dons et avantages, par une pension viagère sur les biens de l'autre époux, laquelle sera réglée par des arbitres de famille, et courra du jour de la prononciation du divorce.

§. III.

VIII.

IL sera également alloué par des arbitres de famille, dans tous les cas de divorce, une pension alimentaire à l'époux divorcé qui se trouvera dans le besoin, autant néanmoins que les biens de l'autre époux pourront la supporter, déduction faite de ses propres besoins.

IX.

LES pensions d'indemnité ou alimentaires énoncées dans les articles précédens, seront éteintes si l'époux divorcé qui en jouit, contracte un nouveau mariage.

X.

EN cas de divorce pour cause de séparation de corps, les droits et intérêts des époux divorcés resteront réglés, comme ils l'ont été par les jugemens de séparation, et selon les

§. III. loix existant lors de ces jugemens ; ou par les actes et transactions passés entre les parties.

X I.

Tout acte de divorce sera sujet aux mêmes formalités d'enregistrement et publication, que l'étoient les jugemens de séparation ; et le divorce ne produira à l'égard des créanciers des époux, que les mêmes effets que produisoient ces séparations de corps ou de bien.

PARAGRAPHE IV.

EFFETS DU DIVORCE,

Par rapport aux enfans.

ARTICLE PREMIER.

DANS les cas du divorce par consentement mutuel, ou sur la demande de l'un des époux, pour simple cause d'incompatibilité d'humeur ou de caractère, sans autre indication de motifs, les enfans nés du mariage dissous seront confiés, savoir, les filles à la mère, les garçons âgés de moins de sept ans également à la mère : au-dessus de cet âge ils seront remis et confiés au père; et néanmoins le père et la mère pourront faire à ce sujet tel autre arrangement que bon leur semblera.

§. IV.

II.

Dans tous les cas de divorce pour cause déterminée, il sera réglé en assemblée de famille auquel des époux les enfans seront confiés.

III.

En cas de divorce pour cause de séparation de corps, les enfans resteront à ceux auxquels ils ont été confiés par jugement ou transaction, ou qui les ont à leur garde et confiance depuis plus d'un an. S'il n'y a ni jugement ou transaction, ni possession annale, il sera réglé en assemblée de famille auquel du père ou de la mère séparés, les enfans seront confiés.

IV.

Si le mari ou la femme divorcés contractent un nouveau mariage, il

sera également réglé en assemblée de famille, si les enfans qui leur étoient confiés leur seront retirés, et à qui ils seront remis. §. IV.

V.

SOIT que les enfans, garçons ou filles, soient confiés au père seul, ou à la mère seule, soit à l'un et à l'autre, soit à des tierces personnes, le père et la mère ne seront pas moins obligés de contribuer aux frais de leur éducation et entretien; ils y contribueront en proportion des facultés et revenus réels et industriels de chacun d'eux.

V I.

LA dissolution du mariage par divorce ne privera dans aucun cas les enfans nés de ce mariage, des avantages qui leur étoient assurés par les loix ou par les conventions matri-

§. IV. moniales; mais le droit n'en sera ouvert à leur profit, que comme il le seroit si leurs père et mère n'avoient pas fait divorce.

VII.

Les enfans conserveront leur droit de successibilité à leur père et à leur mère divorcés. S'il survient à ces derniers d'autres enfans de mariages subséquens, les enfans des différens lits succéderont en concurrence, et par égales portions.

VIII.

Les époux divorcés ayant enfans, ne pourront en se remariant, faire de plus grands avantages, pour cause de mariage, que ne le peuvent, selon les loix, les époux veufs qui se remarient ayant enfans.

IX. §. IV.

Les contestations relatives au droit des époux d'avoir un ou plusieurs de leurs enfans à leur charge et confiance ; celles relatives à l'éducation, aux droits et aux intérêts de ces enfans, seront portées devant des arbitres de famille : et les jugemens rendus en cette matière seront en cas d'appel, exécutés par provision.

Au nom de la Nation,

Le conseil exécutif provisoire mande et ordonne à tous les corps administratifs et tribunaux, que les présentes ils fassent consigner dans leurs registres, lire, publier et afficher dans leurs départemens et ressorts respectifs, et exécuter comme loi. En foi de quoi nous avons signé ces présentes, auxquelles nous avons

§. IV. fait apposer le sceau de l'État. A Paris, le vingt-cinquième jour du mois de septembre mil sept cent quatre-vingt-douze, l'an premier de la république française. *Signé* LE BRUN. *Contresigné* DANTON. Et scellées du sceau de l'État.

CODE
DU DIVORCE,
ET DE
L'ÉTAT CIVIL DES CITOYENS;
PAR ORDRE
ALPHABÉTIQUE ET DE MATIÈRES.

ACTES

A

ACTES DE NAISSANCE, *mariage et décès*, ne sont point sujets à l'enregistrement.

Loi du 20 *septembre* 1792. *Tit.* II, *art.* VII *et* XVIII, *p.* 6 *et* 9.

ACTES DE NAISSANCE, *mariage et décès* seront à l'avenir reçus et conservés par les municipalités, ou par des préposés *ad hoc* nommés par elles, en raison de leur étendue et de leur population.

Loi du 20 *septembre* 1792. *Art.* I, II, III, IV, *p.* 2 *et* 3.

ACTES DE NAISSANCE, *mariage et décès* doivent être écrits de suite sur les registres, sans aucuns blancs, les renvois et ratures approuvés et signés ainsi que le corps de l'acte.

Dans ces actes, il ne doit rien être écrit par abréviation, pas même les dates. (V. *Date.*)

Loi du 20 *septembre* 1792. *Tit.* II, *art.* III, *p.* 5.

ACTES DE NAISSANCE, etc. ne doivent être écrit et signés hors des registres, ni sur feuilles volantes, à peine de 100 liv. d'amende, de destitution (des préposés à les recevoir) et de privation pendant 10 ans de la qualité et des droits de citoyen actif.

Loi du 20 septembre 1792. Tit. II, *art.* V, *p.* 5.

ACTES portés aux registres feront foi et preuve en justice, des naissances, mariages et décès.

Loi du 20 septembre 1792. Tit. II, *art.* VI, *p.* 6.

ACTES DE NAISSANCE seront dressés dans les vingt-quatre heures de la déclaration qui en sera faite, devant l'officier public chargé de la recevoir.

Loi du 20 septembre 1792. Tit. III, *art.* I, *p.* 12. (V. *Déclaration.*)

ACTES (ces) seront dressés, aussi-tôt la déclaration faite, sur un registre double à ce destiné. Ils seront signés par le père ou autres personnes qui les auront faits, les témoins et l'officier public.

Si aucuns des déclarans ne peuvent ou ne savent signer, il en sera fait mention.

Loi du 20 septembre 1792. Art. VIII, *tit.* III, *p.* 14. (V. *Officiers publics.*)

A l'égard des enfans trouvés. (V. *Exposition.*)

ACTE DES PUBLICATIONS *de promesses de*

mariage, sera dressé sur un registre particulier à ce destiné.

Loi du 20 *septembre* 1792. *Art.* IV, *tit* IV, *sec.* II, *p.* 22. (*V. Registre et Dépôt.*)

ACTE (l') DE PUBLICATION contiendra les prénoms, noms, profession et domicile des futurs époux, ceux de leurs père et mère, les jour et heure de la publication ; il sera signé par l'officier public.

Loi du 20 *septembre* 1792. *Art.* V, *tit.* IV, *sec.* II, *p.* 23.

ACTES DE PUBLICATIONS DE MARIAGES, *et preliminaires du divorce*, ne sont pas sujets à l'enregistrement.

Décret de la convent. nat. du 19 *décemb.* 1792. *Sect.* Ire, *art.* V, *p.* 47.

ACTE (extrait de l') de publication sera simplement affiché à la porte de la maison commune, dans un tableau à ce destiné, dans les campagnes et les villes de 10,000 ames.

Dans les villes au-dessus de 10,000 ames, un pareil tableau sera en outre placé sur la principale porte du chef-lieu des sections, sur lesquelles les futurs époux habiteront.

Loi du 20 *septembre* 1792. *Art.* VI et VII, *tit.* IV. *sec.* II, *p.* 23.

ACTE D'OPPOSITION *à mariage* en contiendra les motifs, sera signé par la partie opposante ou par son fondé de procuration spéciale, sur l'original et la copie; il sera donné copie des procurations en tête de celle de l'opposition.

Loi du 20 *septembre* 1792. *Art.* IV, *tit.* IV, *sec.* III, *p.* 24.

ACTE D'OPPOSITION *à mariage* sera signifié au domicile des parties, et à l'officier public qui mettra son *visa* sur l'original.

Loi du 20 *septembre* 1792. *Art.* V, *tit.* IV, *sec.* III, *p.* 25. (V. *Registres.*)

ACTE *de divorce* (tout) sera sujet aux mêmes formalités d'enregistrement et publication, que l'étoient les jugemens de séparation de corps ou de bien.

Loi du 20 *septembre* 1792. *Art.* XI, *paragraphe* III, *p.* 7. (V. *Divorce.*)

ACTE DE MARIAGE aura lieu nonobstant, opposition, et dans quel cas. (V. *Opposition*, *Officier public*, *Consentement*, *Divorce*, *Domicile*, *Registre*, *Visa.*)

ACTE DE MARIAGE sera reçu dans la maison commune du lieu du domicile de l'une des parties, le jour pris par elles, et à l'heure indiquée par l'officier public chargé de recevoir la déclaration.

Loi du 20 *septembre* 1792. *Art.* I *et* II, *tit.* IV, *sec.* IV, *p.* 27.

ACTE DE MARIAGE sera dressé en présence

de quatre témoins majeurs, parens ou non, sachant signer, s'il peut s'en trouver dans le lieu. Si aucun des témoins ne savoit ou ne pouvoit signer, il en sera fait mention.

Loi du 20 *septembre* 1792. *Art.* III *et* VIII, *tit.* IV, *sec.* IV, *p.* 27 *et* 30.

ACTE DE MARIAGE sera dressé ensuite de la déclaration qui en aura été faite par les parties contractantes, devant l'officier public, et par ce dernier en présence des parties, et en celle des témoins et parens présens.

Loi du 20 *septembre* 1792. *Art.* VII *et* VIII, *tit.* IV, *sec.* IV, *p.* 29 *et* 30. (V. *Officier public*, *Déclaration.*)

ACTE DE MARIAGE contiendra, 1°. les prénoms, noms, âge, lieu de naissance, profession et domicile des époux; 2°. les prénoms, noms, professions et domiciles des pères et mères; 3°. les prénoms, noms, âge, professions, domiciles des témoins, et leurs déclarations s'ils sont parens ou alliés des parties; 4°. la mention des publications dans les divers domiciles, des oppositions qui auroient été faites, et des jugemens de main-levée; 5°. la mention du consentement des pères ou mères, ou de la famille dans les cas où il y a lieu; 6°. la mention des déclarations des parties, et du prononcé de l'officier public.

ACTE DE MARIAGE sera signé par les parties, par leurs père et mère, et parens présens, par les quatre témoins, et par l'officier public.

Si aucun d'eux ne sait ou ne peut signer, il en sera fait mention.

Loi du 20 *septembre* 1792. *Art.* VII *et* VIII, *tit.* IV, *sec.* IV, *p.* 29 *et* 30.

ACTE DE DISSOLUTION de mariage, ou de divorce, sera dressé par l'officier public, chargé des registres de naissance, mariage, etc. (V. *Registre*, *Officier public.*)

AGE requis pour le mariage est 15 ans révolus pour les hommes, et 13 ans révolus pour les filles.

Loi du 20 *septembre* 1792. *Art.* I, *tit.* IV, sec. I, *p.* 18. (V. *Majorité*, *Consentement*, *Mariage.*)

ALTÉRATIONS DES ACTES de naissance, mariages et décès, seront punies des peines portées au code pénal.

Loi du 20 *septembre* 1792. *Tit.* II, *art.* IV, *p.* 5.

APPEL (l') des jugemens des juges de paix sur opposition *à mariage*, sera porté au tribunal de district, sans que les parties soient obligées de se présenter au tribunal de conciliation.

Le tribnnal prononcera sommairement, et dans la huitaine.

Ce délai ne pourra être prorogé.

Loi du 20 *septembre* 1792. *Art.* VII, *tit.* IV, *sec.* III, *p.* 25. (V. *Jugement.*)

APPEL DE JUGEMENT arbitral sur demande en divorce pour motifs déterminés, en suspendra l'exécution.

Cet appel sera instruit sommairement, et jugé dans le mois.

Loi du 20 *septembre* 1792. *Art.* XX, *paragraphe* II, *p.* 70.

(V. *Divorce sur motifs déterminés.*)

AVANTAGES. (V. *Enfans*, *Mariage nouveau.*)

AVIS DE PARENS *pour consentement à mariage, les cas où ils sont nécessaires*, devant qui ils seront donnés, comment se donnent. (V. *Consentement.*)

C

COMMISSAIRE DE POLICE (le) dressera sur *les registres à ce destinés, procès verbal de la déclaration de naissance ou de décès* qui lui sera faite, et le signera avec les déclarans ou les témoins.

Il délivrera sur-le-champ sur papier libre, et

sans frais, copie du procès-verbal certifié de lui, aux déclarans.

Décret de la convent. nat. du 19 *décembre* 1792. *Sect.* II, *art.* III *et* IV, *p.* 50.

(V. *Déclaration.*)

COMMISSAIRE DE POLICE (le) dans les villes de 50,000 ames et au-dessus, en cas de péril imminent d'un nouveau né, sera tenu sur la réquisition qui lui en sera faite, de se transporter à la maison où sera le nouveau né, *pour en agir comme il est dit pour l'officier public par-tout ailleurs.*

Décret de la convent. nat. du 19 *décembre* 1792. *Sect.* II, *art.* II, *p.* 50. (V. *Officier public.*)

COMMISSAIRE DE POLICE (le) *d'après la déclaration de décès qui lui aura été faite*, se transportera au lieu où la personne sera décédée; et s'il y a indice de mort violente, il se conformera aux articles VII, VIII et IX du tit. V de la loi du 20 septembre 1792.

Décret de la convent. nat. du 19 *décembre* 1792. *Sect.* II, *art.* II, *p.* 50. (V. *Décès, Déclarations, Corps.*)

COMMISSAIRES (les) DE POLICE, devant qui, dans les villes de 50,000 ames, doivent d'abord être faites les déclarations de naissance et décès, en déposeront les registres à la maison commune, dans les huit premiers jours qui suivront chaque trimestre.

Décret de la convent. nat. du 19 *décembre* 1792. *Sect.* II, *art.* VI, *p.* 52.

COMMUNAUTÉ DE BIENS, ou société d'acquêts, qui ont existé entre époux divorcés, de quelque manière que le divorce ait eu lieu, seront réglés entre eux, soit par la loi, soit par la convention, comme si l'un d'eux étoit décédé.

Loi du 20 *septembre* 1792. *Art.* IV, *paragraphe* III, *p.* 72.

Cet article de la loi aura toujours lieu lorsque le divorce aura été demandé et obtenu par la femme contre le mari.

Au contraire, lorsque le mari aura obtenu divorce contre sa femme pour tous autres motifs déterminés, que démence, folie ou fureur; la femme, en ce cas, sera privée de tous droits de bénéfice dans la communauté de biens ou société d'acquêts; mais elle reprendra les biens qui y sont entrés de son côté.

Loi du 20 *septembre* 1792. *Art.* V, *paragraphe* III, *p.* 72.

(V. *Droits matrimoniaux*, *Indemnité.*)

CONSEILS (les) généraux des communes de 50,000 ames et au-dessus, pourront nommer au scrutin et à la pluralité absolue des suffrages, un commis en chef qui sera chargé de la garde de tous les registres servant à constater l'état civil des citoyens, et tous ces registres seront en conséquence réunis dans le même lieu.

Décret de la convent. nat. du 19 *décembre* 1792. *Sect.* II, *art.* VII, *p.* 52.

CONSEILS (les) généraux des communes de 50,000 ames et au-dessus, pourront se faire autoriser par l'administration de département, à percevoir pour les extraits des registres concernant l'état civil des citoyens, une taxe plus forte que celle qui est fixee à l'égard des autres communes de la république; mais le *maximum* de cette taxe ne pourra excéder dix sous pour chaque extrait d'acte de naissance, décès, publication de mariage ou d'acte préliminaire du divorce, et vingt sous pour chaque extrait d'acte de mariage ou de divorce, le tout non compris le timbre.

Décret de la convent. nat. du 19 *décembre* 1792. *Sect.* II, *art.* VIII, *p.* 53.

CONSENTEMENT du père seul sera suffisant pour mariage.

Le père mort ou interdit, le consentement de la mère seule suffira également.

Dans le cas où le père et la mère seront décédés, dans celui où l'un des deux survivant seroit en interdiction, le consentement de cinq plus proches parens paternels ou maternels, sera nécessaire.

Lorsque les mineurs n'auront point de parens, ou n'en auront pas au nombre de cinq dans le district, on y suppléera par des voisins pris dans le lieu où les mineurs seront domiciliés.

Les délibérations des parens, ou à leur défaut des voisins pour consentement *à mariage*, auront lieu à la maison commune devant le maire ou autre officier municipal, en présence du procureur de la commune.

Le consentement sera donné ou refusé d'après la majorité des suffrages.

Loi du 20 *septembre* 1792. *Art.* IV, V, VI, VII, VIII *et* IX, *tit.* IV, *sec.* I, *p.* 19 *e* 20.

CONTESTATIONS entre divorcés, relatives au droit des époux d'avoir un ou plusieurs de leurs enfans à leur charge et confiance ; celles relatives à leur éducation, aux droits et intérêts de ces enfans, seront portées devant des arbitres de familles, et les jugemens rendus en cette matière, seront, en cas d'appel, exécutés par provision.

Loi du 20 *sept.* 1792. *Art.* IX, *parag.* IV, *p.* 81.

CONTESTATION (en cas de) devant l'officier public, sur la nature ou la validité des jugemens représentés ayant prononcé des séparations de corps, ou portant des condamnations de peines afflictives ou infamantes, cet officier renverra les parties devant le tribunal de district, qui statuera en dernier ressort, et prononcera si ces jugemens suffisent pour autoriser le divorce.

Loi du 20 septembre 1792. Art. XVI, *paragraphe* II, *p.* 68. (V. *Juges.*)

CONTESTATION (en cas de) de la part du conjoint contre lequel le divorce sera demandé, sur aucun des actes ou jugemens représentés par le conjoint demandeur; l'officier public n'en pourra prendre connoissance; il renverra les parties à se pourvoir.

Loi du 20 septembre 1792. Art. VIII, *titre* IV, *sect.* V, *p.* 34.

CONTRAVENTIONS (les) commises dans la tenue des registres de naissance, mariage et décès, détaillées en la loi du 20 septembre 1792. (V. *tit.* II, *art.* III, *p.* 5.) Seront punies de 10 livres, 20 livres d'amende, et même des peines d'altération ou de faux portées au code pénal. (V. *art.* IV, *tit.* II, *p.* 5.)

(V. *Altération et Faux, Poursuites, Dépôt.*)

CORPS (les) de ceux qui auront été trouvés morts avec des signes ou indices de mort violente, ou autres circonstances qui donnent lieu de la soupçonner, ne pourront être inhumés

qu'après

qu'après que l'officier de police aura dressé procès-verbal, aux termes de l'article II du titre III de la loi sur la police de sûreté. (V. *Manuel judiciaire*, *Police de sûreté.*)

Après avoir dressé le procès-verbal de l'état du cadavre, et des circonstances y relatives, l'officier de police sera tenu d'en donner sur le champ avis à l'officier public, et de lui en remettre un extrait contenant des renseignemens sur les prénoms, noms, âge, lieu de naissance, profession et domicile du décédé.

Sur ces renseignemens qui lui auront été donnés par l'officier de police, l'officier public dressera l'acte de décès.

Loi du 20 *septembre* 1792. *Art.* VII, VIII *et* IX, *tit.* V, *p.* 38 *et* 39.

CRÉANCIERS D'ÉPOUX divorcés. (V. *Divorce*, *Enregistrement*, *Acte*, *Publication.*)

D

DATES dans les actes de naissance, mariage et décès, ne doivent être en chiffres.

Loi du 20 *septembre* 1792. *Tit.* II, *art.* III, *p.* 5. (V. *Contravention.*)

DÉCÈS. (V. *Déclaration.*)

DÉCÈS (en cas de) dans les hôpitaux, maisons publiques, ou dans des maisons d'autrui, les supérieurs, directeurs, administrateurs et maîtres de ces maisons seront tenus d'en donner avis dans les vingt-quatre heures à l'officier public, qui dressera l'acte de décès sur les déclarations qui lui auront été faites, et sur les renseignemens qu'il aura pu prendre concernant les prénoms, noms, âge, lieu de naissance, profession et domicile du décédé.

Loi du 20 *septembre* 1792. *Art.* v, *tit.* v, *p.* 37.

Si dans le cas du précédent article, l'officier public a pu connoître le domicile de la personne décédée, il sera tenu d'envoyer un extrait de l'acte du décès à l'officier public du lieu de ce domicile, qui le transcrira sur ses registres.

Loi du 20 *septembre* 1792. *Art.* vi, *tit* v, *p.* 38. (V. *Corps, Mort violente.*)

DÉCLARATIONS DE NAISSANCES ET DE DÉCÈS dans les communes de 50,000 ames et au-dessus, se feront d'abord devant le commissaire de police de la section ou du quartier.

Décret de la convent. nat. du 19 *décembre* 1792. *Sect.* II, *art.* Ier, *p.* 49.

DÉCLARATIONS DE NAISSANCES ET DE DÉCÈS, seront faites par les personnes désignées par la loi du 20 septembre 1792, dans les trois jours de la naissance ou du décès, sous peine de prison, qui sera prononcée par voie de police correctionnelle, laquelle ne pourra excéder deux mois pour la première fois, et six mois en cas de récidive, sauf les poursuites criminelles en cas de suppression, d'enlèvement ou de défaut de représentation de l'enfant, ou de récèlement du decès.

DÉCLARATIONS DE DÉCÈS seront faites avant l'inhumation, à peine de prison comme il est dit ci-dessus.

V. *Décret de la conv. nat. du* 19 *décembre* 1792. *Sect.* Ire, *art.* Ier, *p.* 45.

DÉCLARATIONS (les) DE NAISSANCES devant les commissaires de police, seront faites dans les trois jours de la naissance, et au surplus dans les mêmes formes, avec les mêmes indications et par les mêmes personnes désignées dans la loi du 20 septembre dernier 1792.

Décret de la convent. nat. du 19 *décembre* 1792. *Sect.* II, *art.* II. *p.* 49. (V. *Déclarations de naissance.*

DÉCLARATION (la) faite devant le commissaire de police, DE NAISSANCE OU DE DÉCÈS, les déclarans seront tenus de se présenter dans les vingt-quatre heures qui les suivront, sous les peines portées en l'article Ier. de la section précédente (V. plus haut *Déclaration*) à la maison commune, assistés de leurs témoins, pour y faire dresser l'acte de naissance ou de décès, en représentant la copie du procès-verbal dressé par le commissaire.

Décret de la convent. nat. du 19 *décembre* 1792. *Sect.* II, *art.* IV, *p.* 50.

DÉCLARATION (la) du décès sera faite par les deux plus proches parens ou voisins de la personne décédée, à l'officier public, dans les vingt-quatre heures.

L'officier public se transportera au lieu où la personne sera décédée; et après s'être assuré du décès, il en dressera l'acte sur les registres doubles. Cet acte contiendra les prénoms, noms, âge, profession et domicile du décédé, s'il étoit marié ou veuf; dans ces deux cas, les prénoms et noms de l'épouse, les prénoms, noms, âge, profession et domicile des déclarans; et au cas qu'ils soient parens, leur dégré de parenté.

Le même acte contiendra de plus, autant qu'on pourra le savoir, les prénoms, noms, profession et domicile des père et mère du décédé, et le lieu de sa naissance.

Cet acte sera signé par les déclarans et par l'officier public: mention sera faite de ceux qui ne sauroient ou ne pourroient signer.

Loi du 20 *septembre* 1792. *Art.* I, II, III *et* IV, *tit.* V, *p.* 36.

DÉCLARATION DE NAISSANCE.

Le mari présent, lors de l'accouchement de sa femme, sera tenu d'en faire la déclaration.

Si le mari est absent, ou ne peut agir, le chirurgien ou la sage-femme seront tenus de faire ladite déclaration.

Si la mère n'est pas mariée, il en sera de même que pour l'absence ou l'impuissance d'action du mari, ce seront les chirurgiens, ou sage-femmes qui feront la déclaration.

Si une femme accouche dans un lieu public, ou dans la maison d'autrui, ce sera à la personne qui commandera dans cette maison, ou qui en aura la direction, à faire cette déclaration.

Loi du 20 *septembre* 1792. *Art.* II, III *et* IV, *tit.* III, *p.* 12 *et* 13.

Pour cette déclaration l'enfant sera porté à la maison commune, ou devant l'officier public.

En cas de péril imminent, l'officier public sera tenu à la première réquisition de se transporter dans la maison où sera le nouveau né, pour recevoir cette déclaration.

Loi du 20 *septembre* 1792. *Art.* VI, *tit.* III, *p.* 14.

DECLARATIONS (les) seront faites par les maris, les chirurgiens ou sage-femmes, les maîtres de maisons ou directeurs de maisons publiques, assistés de deux témoins de l'un ou de l'autre sexe, parens ou non, âgés de 21 ans.

Loi du 20 *septembre* 1792. *Art.* II. III *et* IV, *tit.* III, *p.* 12 *et* 13.

DÉCLARATIONS (les) contiendront le jour, l'heure et le lieu de la naissance de l'enfant, le prénom qui lui sera donné, les prénoms et noms de ses père et mère, leurs professions et domiciles, les prénoms *, noms, professions et domiciles des témoins.

Loi du 20 *septembre* 1792. *Art.* I *et* VII, *tit.* III, *p.* 12 *et* 14. (V. *Acte*, *Exposition.*)

DÉCLARATION *à faire par les personnes qui auroient négligé de faire constater la naissance de leurs enfans dans les formes usitées:*

Ces personnes seront tenues, dans la huitaine qui suivra la publication de la présente loi, d'en faire la déclaration, conformément à ces dispositions.

Loi du 20 *sept.* 1792. *Art.* XIII, *tit.* III, *p.* 17.

DÉCLARATION DE MARIAGE sera faite par chacune des parties, et à haute voix, en la salle publique de la maison commune, en présence de l'officier public et des témoins requis par la loi, par cette formule :

Je déclare prendre (tel ou telle) *en mariage.*

---

* *Par* prénom, *on entend les noms dits autrefois* de baptême.

Aussitôt après cette déclaration, faite par les parties, l'officier public, en leur présence, et en celle des témoins, prononcera, au nom de la loi, qu'elles sont unies en mariage.

Loi du 20 *septembre* 1792. *Art.* V *et* VI, *tit.* IV, *sec.* IV, *p.* 28 *et* 29. (V. *Acte*, *Officier public.*)

DÈLAI pour tenue d'assemblée de parens, sur demande en divorce par *consentement, mutuel*, doit être d'un mois, à compter du jour de la convocation, entre majeurs sans enfans.

Entre mineurs, ou l'un des deux époux l'étant, ou entre majeurs ayant des enfans, le délai doit être de deux mois, à compter de même.

Loi du 20 *septembre* 1792. *Art.* II *et* VII, *paragr.* II, *p.* 59 *et* 62 (V. *Divorce.*)

DÉLAI pour faire prononcer le divorce, c'est-à-dire, la dissolution du mariage, sera au moins de un ou de deux mois, et au plus de six mois après l'acte de non-conciliation entre les deux époux ; ce délai passé, les époux ne pourront être admis au divorce par consentement mutuel, qu'en observant de nouveau les mêmes formes et les mêmes délais.

Loi du 20 *septembre* 1792. *Art.* VI *et* VII, *paragr.* II, *p.* 62. (V. *Divorce.*)

DÉLAI pour faire prononçer le divorce demandé par l'un des époux, par incompatibilité d'humeur ou de caractère, seront au moins de huit jours, et au plus de six mois.

(V. *Divorce par incompatibilité d'humeur.*)

DÉPOT (le) des registres de déclaration de naissances et décès, tenus par les commissaires de police, sera par eux fait à la maison commune dans les huit premiers jours de chaque trimestre.

Décret de la convent. nat. du 19 *décembre* 1792. *Art.* VI, *sect.* II, *p.* 52. (V. *Officiers.*)

DÉPOT *des registres de naissance, tenus par les municipalités.*

Un des doubles des registres sera déposé par les municipalités, à la fin de chaque année, dans le mois de février suivant, au directoire de leur district. Dans les municipalités où il y aura plusieurs préposés pour recevoir les actes de naissance, etc, ces préposés déposeront un de leur double registre au directoire de district, et l'autre à leur municipalité.

(V. *Vérification.*)

Loi du 20 *septembre* 1792. *tit.* II, *art.* IX *et* XIII, *p.* 7 *et* 8.

Après vérification faite, les doubles envoyés au directoire de district resteront définitivement déposés aux archives des directoires de département.

Loi du 20 *septembre* 1792. *Tit.* II, *art.* XI *et* XII, *p.* 7. (V. *Table.*)

DÉPOT *des doubles registres des tables décennales.* Un de ces registres restera au dépôt des municipalités ; un autre aux archives de chaque directoire de département.

Loi du 20 *septembre* 1792. *Tit.* II, *art.* XVII, *p.* 9. (V. *Table.*)

DÉPOT (le) des registres simples des actes de publications de mariage sera fait aux archives de chaque municipalité, à mesure qu'ils seront finis.

Loi du 20 *septembre* 1792. *Art.* IV, *tit.* IV, *sect.* II, *p.* 22.

DÉPOT des anciens registres. *Loi du* 20 *septembre* 1792. *Tit.* VI. *Dispositions générales*, *p.* 40.

DÉPOT de toute minute d'acte de non-conciliation entre deux époux divorçant, doit être fait au greffe de la municipalité.

Loi du 20 *septembre* 1792. *Art.* IV, *paragraphe* II, *p.* 60. (V. *Divorce.*)

DIVORCE *est la dissolution du mariage, opérée et prononcée dans les formes prescrites par la loi.*

(V. *Séparation.*)

DIVORCE a l'effet principal, par rapport à la personne des époux, de rendre au mari et à la femme leur entière indépendance, avec faculté de contracter un nouveau mariage, dans les formes déterminées par la loi, avec qui bon leur semblera, et même entre eux.

Loi du 20 *septembre* 1792. *Art.* I *et* II, *paragraphe* III, *p.* 71.

DIVORCE peut n'avoir d'autre cause que le consentement mutuel des époux.

DIVORCE peut être prononcé sur la simple allégation de l'un des époux, d'incompatibilité d'humeur ou de caractère.

DIVORCE peut être provoqué par chacun des époux, et prononcé sur des motifs déterminés.

1°. Sur la démence, la folie ou la fureur de l'un des époux.

2°. Sur la condamination de l'un d'eux à des peines afflictives ou infamantes.

3°. Sur les crimes, sévices ou injures graves de l'un envers l'autre.

4°. Sur le dérèglement de mœurs notoire.

5°. Sur l'abandon de la femme par le mari, ou du mari par la femme, pendant deux ans au moins.

6°. Sur l'absence de l'un d'eux sans nouvelles, au moins pendant cinq ans.

7°. Sur l'émigration, dans les cas prévus

par les loix, notamment par le décret du 8 avril 1792.

Loi du 20 septembre 1792. Art. II, III *et* IV, *paragr.* 1, *p.* 56 *et* 57. (*V. Séparés, Séparation.*)

DIVORCE *par consentement mutuel*, c'est-à-dire, demandé conjointement par le mari et la femme, sera provoqué par les formes suivantes :

L'un et l'autre seront tenus de convoquer une assemblée de six au moins des plus proches parens, ou d'amis à défaut de parens.

Trois des parens ou amis seront choisis par le le mari ; les trois autres seront choisis par la femme.

Loi du 20 septembre 1792. Art. I, *parag.* II, *p.* 59.

L'assemblée sera convoquée à jour fixé et lieu convenu avec les parens ou amis.

Il y aura au moins un mois d'intervalle entre le jour de la convocation et celui de l'assemblée; l'acte de convocation sera signifié par un huissier aux parens ou amis convoqués.

Loi du 20 septembre 1792. Art. II, *paragr.* II, *p.* 59.

En cas de minorité des époux ou de l'un d'eux, ou s'ils ont des enfans nés de leur mariage, les délais ci-dessus indiqués pour la convocation de l'assemblée de famille, seront doubles.

Loi du 20 *septembre* 1790. *Art.* VII, *paragr.* II, *p.* 62.

Si au jour de la convocation, un ou plusieurs des parens ou amis convoqués ne peuvent se trouver à l'assemblée, les époux les feront remplacer par d'autres parens ou amis.

Loi du 20 *septembre* 1792. *Art.* III, *paragr.* II, *p.* 60.

Les deux époux se présenteront en personne à l'assemblée, ils y exposeront qu'ils demandent le divorce.

Les parens ou amis assemblés leur feront les observations et représentations qu'ils jugeront convenables.

Si les époux persistent dans leur dessein, il sera dressé par un officier municipal requis à cet effet, un acte contenant simplement, que les parens ou amis ont entendu les époux en assemblée duement convoquée, et qu'ils n'ont pu les concilier. La minute de cet acte signée des membres de l'assemblée, de deux époux et de l'officier municipal avec mention de ceux qui n'auront su ou pu signer, sera déposée au greffe de la municipalité. Il en sera délivré expédition gratuitement aux époux, et sans droit d'enregistrement.

Loi

Loi du 20 *septembre* 1792. *Art.* IV, *paragraphe* II, *p.* 60. (V. *Officier public.*)

Un mois entre majeurs sans enfans, ou deux mois au moins entre mineurs, ou majeurs ayant enfans, et six mois au plus après la date de l'acte de non-conciliation énoncé dans l'article précédent, (*Art.* IV *du paragraphe* II. *Modes du divorce, loi du* 20 *septembre* 1792) : les époux pourront se présenter devant l'officier public, chargé de recevoir les actes de mariage dans la municipalité où le mari a son domicile, et sur leur demande cet officier public sera tenu de prononcer leur divorce, sans entrer en connoissance de cause.

Les parties et l'officier public se conformeront aux formes prescrites à ce sujet dans la loi, sur les actes de naissance, mariage et décès.

Loi du 20 *septembre* 1792. *Art.* V *et* VII, *paragr.* II, *p.* 61 *et* 62. (V. *Délai, Officier public.*)

DIVORCE *demandé par l'un des époux* contre l'autre *pour cause d'incompatibilité d'humeur ou de caractère*, et sans autre indication de motifs.

Dans ce cas, l'époux demandant divorce convoquera une première assemblée de parens, ou d'amis à défaut de parens, laquelle ne pourra avoir lieu qu'un mois après la convocation.

La convocation sera faite devant l'un des officiers municipaux du domicile du mari, en la maison commune du lieu, aux jour et heure indiqués par cet officier. L'acte en sera signifié à l'époux défendeur, avec déclaration des noms et demeures des parens ou amis au nombre de trois au moins, que l'époux demandeur entend faire trouver à l'assemblée, et invitation à l'époux défendeur de comparoître à l'assemblée, et d'y faire trouver de sa part également trois, au moins, de ses parens ou amis.

L'époux demandeur en divorce sera tenu de se présenter en personne à l'assemblée. Il entendra, ainsi que l'époux défendeur, s'il comparoît, les représentations des parens ou amis à l'effet de les concilier. Si la conciliation n'a pas lieu, l'assemblée se prorogera à deux mois, et les époux y demeureront ajournés. L'officier municipal sera tenu de se retirer pendant ces explications et les débats de famille ; en cas de non-conciliation, il sera rappelé dans l'assemblée pour en dresser acte, ainsi que de la prorogation dans la forme prescrite par l'article IV ci-dessus : expédition de cet acte sera délivrée à l'époux demandeur, qui sera tenu de le faire signifier à l'époux défendeur, si celui-ci n'a pas comparu à l'assemblée.

A l'expiration des deux mois, l'époux demandeur sera tenu de comparoître de nouveau en personne. Si les représentations qui lui seront faites, ainsi qu'à son époux s'il comparoît, ne peuvent encore les concilier, l'assemblée se prorogera à trois mois, et les époux y demeureront ajournés : il en sera dressé acte, et la signification en sera faite, s'il y a lieu, comme au cas de l'article précédent.

Si à la troisième séance de l'assemblée à laquelle le provoquant sera également tenu de comparoître en personne, il ne peut être concilié, et persiste définitivement dans sa demande, acte en sera dressé : il lui en sera délivré expédition, qu'il fera signifier à l'époux défendeur.

Si aux première, seconde ou troisième assemblées, les parens ou amis indiqués par le demandeur en divorce ne peuvent s'y trouver, il pourra les faire remplacer par d'autres à son choix. L'époux défendeur pourra aussi faire remplacer à son choix les parens ou amis qu'il aura fait présenter aux premières assemblées; et enfin l'officier municipal lui-même, chargé de la rédaction des actes de ces assemblées, pourra, en cas d'empêchement, être remplacé par un de ses collègues.

Loi du 20 *septembre* 1792. *Art.* VIII, IX, X, XI, XII *et* XIII, *paragr.* II, *p.* 63, 64, 65 *et* 66. (V. *Officier public*, *Acte*, *Registre*, *Dépôt*, *Expédition*, *Divorce* par consentement mutuel.)

Huitaine au moins, ou au plus dans les six mois après la date du dernier acte de non-conciliation, l'époux provoquant pourra se présenter pour faire prononcer le divorce, devant l'officier public chargé de recevoir les actes de mariage dans la municipalité où le mari a son domicile; il observera, ainsi que l'officier public, les formes prescrites à ce sujet dans la loi sur les actes de naissance, mariage et décès.

Après les six mois, il ne pourra être admis qu'en observant de nouveau les mêmes formalités et les mêmes délais.

Loi du 20 *septembre* 1792. *Art.* XIV, *paragraphe* II, *p.* 67.

Les formes prescrites en cas de non-conciliation, en définitif, pour le provoquant divorce, et pour l'officier public, sont détaillées aux articles de loi qui suivent.

Si le divorce est demandé par l'un des conjoints seulement, il sera tenu de faire signifier à son conjoint un acte aux fins de le voir prononcer: cet acte contiendra réquisition de se trouver en la maison commune de la municipalité, dans l'étendue de laquelle le mari a son domicile, et devant l'officier public chargé des actes de naissances, mariages et décès, dans le délai qui aura été fixé par cet officier. Ce délai ne pourra être moindre de trois jours, et en outre d'un jour par dix lieues, en cas d'absence du conjoint appelé.

A l'expiration du délai, le conjoint demandeur se présentera, accompagné de quatre témoins majeurs, devant l'officier public : il représentera les différens actes ou jugemens qui doivent justifier qu'il a observé les formalités et les délais exigés par la loi sur le mode du divorce, et qu'il est fondé à le demander : il représentera aussi l'acte de réquisition qu'il aura dû faire signifier à son conjoint, aux termes de l'article précédent; et sur sa réquisition, l'officier public prononcera, en présence ou en absence du conjoint duement appelé, que le mariage est dissous.

Il sera donné acte du tout sur le registre des mariages, en la forme réglée par l'article IV de la loi du 20 septembre 1792.

Loi du 20 *septembre* 1792. *État civil. Art.* V, VI *et* VII, *tit.* IV, *sect.* V, *p.* 32, 33 *et* 34.

Relativement à l'art. IV cité au dernier article ci-dessus.

(V. *Officier public, forme à observer pour divorce* par consentement mutuel.)

(V. *Contestation, Officier public.*)

DIVORCE *pour motifs déterminés.*

DIVORCE (en cas de) demandé par l'un des époux, pour l'un des sept motifs déterminés, indiqués dans l'art. IV du paragraphe premier ci-après, ou pour cause de séparation, de corps aux termes de l'article V, il n'y aura lieu à aucun délai d'épreuve.

Loi du 20 septembre 1792. *Art.* XV, *parag.* II, *p.* 67,

(V. plus haut *Divorce, Séparation, Contestation.*)

DIVORCE (à l'égard du) sur motifs déterminés ci-après.

Sur démence, folie ou fureur de l'un des époux.

Sur crimes, sévices ou injures graves de l'un envers l'autre.

Sur déréglement de mœurs notoire.

Sur l'abandon de la femme par le mari, ou du mari par la femme, pendant deux ans au moins.

Sur l'émigration dans les cas prévus par les loix, notamment par le décret du 8 avril 1792.

Le demandeur sera tenu de se pourvoir devant des arbitres de famille, en la forme prescrite dans le code de l'ordre judiciaire pour les contestations entre mari et femme.

Si, d'après la vérification des faits, les arbitres jugent la demande fondée, ils renverront le demandeur en divorce devant l'officier du domicile du mari, pour faire prononcer le divorce.

Loi du 20 *septembre* 1792. *Art.* XVIII *et* XX, *paragr.* II, *p.* 69 *et* 70

(V. *Manuel judiciaire, Tribunal de famille.*)

DIVORCE (dans le cas de) pour absence de cinq ans sans nouvelles, l'époux qui le demandera pourra se pourvoir directement devant l'officier public de son domicile, lequel prononcera le divorce sur la présentation qui lui sera faite d'un acte de notoriété constatant cette longue absence.

Loi du 20 *septembre* 1792. *Art.* XVII, *paragraphe* II, *p.* 69.

DIVORCE peut être demandé sans forme et sans délai, à l'officier public de la municipalité du mari, chargé de le prononcer, dans les cas de séparation de corps prononcée par jugemens, ou de condamnations à des peines afflictives ou infamantes.

Loi du 20 *septembre* 1792. *Art.* XV, *et* XVI, *paragraphe* II, *p.* 67 *et* 68.

(V. *Officier public, Contestations, Séparation.*)

DIVORCE (le) ne produira, à l'égard des créanciers des époux, que les mêmes effets que produisoient les séparations de corps ou de biens.

Loi du 20 *septembre* 1792. *Art.* II, *paragraphe* III, *p.* 71.

DOMICILE (le) relativement au mariage, est fixé par une habitation de six mois dans le même lieu.

Loi du 20 *septembre* 1792. *Art.* II, *sec.* II, *p.* 22.

DONS ou avantages pour cause de mariage, que les époux ont pu se faire reciproquement, ou l'un à l'autre, ou qui ont pu être faits à l'un d'eux par les père, mère ou autres parens de l'autre, seront, dans tous les cas de divorces, éteints et sans effet.

DONS MUTUELS faits depuis le mariage et avant le divorce, resteront aussi comme non avenus et sans effet; le tout, sauf les indemnités ou pensions ausorisées par la loi.

Loi du 20 *septembre* 1792. *Art.* VI, *paragraphe* III, *p.* 75.

(V. *Droits matrimoniaux, Indemnités, Pensions.*)

DROITS dus pour extraits des registres de naissances, etc.

(V. *Extraits.*)

DROITS MATRIMONIAUX et intérêts des époux divorcés pour causes de séparation de corps, resteront réglés comme ils l'ont été par les jugemens de séparation, et selon les loix existantes lors de ces jugemens, ou par les actes et transactions passés entre les parties.

Loi du 20 *septembre* 1792. *Art.* x, *parag.* III, *p.* 75.

DROITS (à l'égard des) matrimoniaux, emportant gain de survie, tels que douaire, augmentation de dot ou agencement, droit de viduité, droit de part dans les biens meubles ou immeubles du prédécédé, ils seront dans tous les cas de divorce éteints et sans effet, sauf les indemnités ou pensions autorisées par la loi.

Loi du 20 *septembre* 1792. *Art.* VI, *parag.* III, *p.* 73.

(V. *Communauté, Droits matrimoniaux, Indemnité, Pensions.*)

E

ENFANS nés du mariage dissous par divorce de consentement mutuel, ou sur la demande de l'un des époux, pour simple cause d'incompatibilité d'humeur ou de caractère, sans autre indication de motif, seront confiés, savoir, les filles à la mère, les garçons âgés de moins de sept ans également à la mère ; au-dessus de cet âge ils seront réunis et confiés au père.

Néanmoins le père et la mère pourront faire à ce sujet tel autre arrangement que bon leur semblera.

Loi du 20 *septembre* 1792. *Art.* 1, *paragr.* IV, *p.* 77.

Dans tous les cas de divorce pour cause déterminée, il sera réglé en assemblée de famille auquel des époux les enfans seront confiés.

Loi du 20 *septembre* 1792. *Art.* II, *parag.* IV, *p* 78.

ENFANS *nés de mariage dissous, par divorce*, pour cause de séparation de corps, resteront à ceux auxquels ils ont été confiés par jugement ou transaction, ou qui les ont à leur garde et confiance depuis plus d'un an.

S'il n'y a ni jugement, ni transaction, ni possession annale ; il sera réglé en assemblée de famille, auquel du père ou de la mère séparés, les enfans seront confiés.

Loi du 20 *septembre* 1792. *Art.* III, *paragraphe* IV, *p.* 78.

Si le mari ou la femme divorcés contractent

un nouveau mariage, il sera également réglé en assemblée de famille, si les enfans qui leur étoient confiés leur seront retirés, et à qui ils seront remis.

Loi du 20 *septembre* 1792. *Art.* IV, *paragraphe* IV, *p.* 78.

ENFANS (soit que les) garçons ou filles, soient confiés au père seul, ou à la mère seule, soit à l'un et à l'autre, soit à des tierces personnes, le père et la mère ne seront pas moins obligés de contribuer aux frais de leur éducation.

Ils y contribueront en proportion des facultés et revenus réels et industriels de chacun d'eux.

Loi du 20 *septembre* 1792. *Art.* V, *paragraphe* IV, *p.* 79.

ENFANS nés de mariage dissous par divorce, ne seront dans aucun cas privés des avantages qui leur étoient assurés par les loix, ou par les conventions matrimoniales ; mais le droit n'en sera ouvert à leur profit que comme il le seroit si leurs père et mère n'avoient pas fait divorce, c'est-à-dire, *par décès de l'un ou de l'autre.*

Loi du 20 *septembre* 1792. *Art.* VI, *paragraphe* IV, *p.* 79.

ENFANS conserveront leurs droits de successibilité à leurs père et mère divorcés.

ENFANS nés de mariages subséquens à divorce, succéderont en concurrence, et par égales portions, avec les enfans des différens lits.

Loi du 20 *septembre* 1792. *Art.* VII, *paragraphe* IV, *p.* 79.

(V. *Mariage nouveau, Avantages, Contestations.*)

ENREGISTREMENT (l') n'aura pas lieu pour les actes préliminaires du divorce et publication de mariages.

(V. *Acte.*)

ENREGISTREMENT n'a pas lieu pour les registres de naissances et décès, ni pour les extraits qui en sont délivrés par les commissaires de police, dans les villes où les déclarations doivent d'abord s'en faire devant eux.

(V. *Registres.*)

ENREGISTREMENT des actes de divorce n'aura pas lieu sur les registres des actes de mariage dans lequel ils seront insérés, mais sur la première expédition qui en sera faite, laquelle ne sera délivrée qu'après le payement du droit d'enregistrement; duquel, ainsi que de la date et du remboursement, il sera fait mention, à côté de l'ac e en marge des registres de la municipalité.

Décret de la convent. nat. du 19 *décembre* 1792. *Sect.* Ire, *art.* IV, *p.* 47.

ENREGISTREMENT

ENREGISTREMENT DES ACTES du divorce aura lieu.

(V. *Acte du divorce.*)

ENREGISTREMENT n'est pas dû pour extrait d'actes de naissances, mariages, décès et expéditions d'acte d'assemblée de famille pour divorce, ou jugemens de main-levée d'opposition à mariage.

(V. *Actes, Expéditions, Jugemens.*)

EXPÉDITION D'ACTE de non-conciliation entre deux époux divorçant, sera délivrée aux époux gratuitement, et sans droit d'enregistrement.

Loi du 2 septembre 1792. *Art.* IV, *paragraphe* 11, *p.* 60.

(V. *Dépôt, Divorce, Enregistrement, Officier municipal.*)

EXPOSITION D'ENFANT, ou enfant trouvé.

Dans le cas où un enfant seroit trouvé exposé, tout citoyen qui l'aura trouvé en cet état sera tenu d'en donner avis ou connoissance au plus prochain juge de paix ou officier de police.

Ce juge de paix, ou officier de police, sera tenu de se rendre à l'instant au lieu de l'exposition; il dressera procès-verbal de l'état de l'enfant, de son âge apparent, des marques extérieures, vêtemens et autres indices, qui pourront éclairer sur sa naissance ; il recevra en même-temps les déclarations de toutes personnes qui auroient quelques connoissances relatives à son exposition.

Le juge de paix, ou l'officier de police, qui aura dressé le procès-verbal, sera tenu d'en remettre expédition, dans les vingt-quatre heures, à l'officier public.

Ce procès-verbal sera transcrit sur le registre double des actes de naissance, et l'officier public donnera un nom à l'enfant.

Il sera pourvu à sa nourriture et à son entretien, suivant les loix qui seront portées à cet effet.

Loi du 20 *septembre* 1792. *Art.* IX, X, *et* XI, *tit.* III, *p.* 15 *et* 16.

EXTRAITS DES REGISTRES de naissance, etc. feront foi en justice.

Loi du 20 *septembre* 1792. *Tit.* II, *art.* VI, *p.* 6.

EXTRAITS seront délivrés pour les registres courans, par les différens préposés des municipalités.

Chaque année révolue, les extraits ne seront plus délivrés que par les secrétaires-greffiers des municipalités ou des départemens.

Loi du 20 septembre 1792. Tit. II, *art.* XX, XXI *et* XXII, *p.* 10.

EXTRAITS (les) devront être délivrés à toutes personnes les demandant. Ils seront sur papier timbré, et non sujets à enregistrement.

Il ne sera dû par extrait de naissance, décès et publications de mariage, que 6 sous; et pour extraits d'actes de mariages que 12 sous, non compris le timbre.

Loi du 20 septembre 1792. Tit. II, *art.* XVIII *et* XIX, *p.* 9.

EXTRAITS DES DÉCLARATIONS de naissances et de décès faites dans les villes de 50,000 ames devant les commissaires de police, sont exempts de la formalité et du droit d'enregistrement.

(V. *Registres.*)

EXTRAIT (tout) d'acte préliminaire du divorce, sera payé le même prix que celui de publication de mariage.

Décret de la convent. nat. du 19 décembre 1792. Sect. Ire, *art.* III, *p.* 50.

La taxe d'un extrait de publication de mariage est de 6 sous. (V. *Extrait.*)

EXTRAIT D'ACTE DE DIVORCE sera payé le même prix que l'extrait d'acte de mariage.

Décret de la convent. nat. du 19 décembre 1792. Sect. Ire, *art.* II, *p.* 46.

La taxe de l'extrait de mariage est de 12 sous, non compris le timbre.

Cependant, V. *Conseils généraux des communes.*

F.

FAUX dans les actes de naissance, mariage et décès seront punis des peines portées au code pénal.

Loi du 20 *septembre* 1792. *Tit.* II, *art.* IV, *p.* 6.

I

INDEMNITÉ de la perte des effets du mariage dissous, et de ses gains de survie, dons et avantages, sera accordée à celui *des deux époux* qui aura obtenu le divorce, dans le cas de divorce pour l'un des motifs déterminés, énoncés dans l'article IV du paragraphe I de la loi ci-dessous citée.

Cette indemnité sera une pension viagère; sur les biens de l'au re époux *qui aura donné lieu à la demande en divorce*, laquelle sera réglée par des arbitres de famille, et courra du jour de la prononciation du divorce.

Loi du 20 *septembre* 1792. *Art.* VII, *paragr.* III, *p.* 74.

(V. *Mariage nouveau, Communauté, Droits matrimoniaux, Dons, Pensions.*)

INHUMATION. (V. *Déclaration de décès.*)

J

JUGE (le) en première instance de la validité d'opposition *à mariage*, sera le juge de paix du domicile de celui contre lequel l'opposition aura été formée.

Il y sera statué dans trois jours; ce délai ne pourra être prorogé.

Loi du 20 *septembre* 1792. *Art.* VII, *tit.* IV, *sect.* III, *p.* 25.

(V. *Appel.*)

JUGEMENS (les) des juges de paix, ou des tribunaux de district, par appel, rendus en main-levée d'opposition *à mariage*, seront remis en expédition aux officiers publics, qui en feront mention en marge de celle des oppositions sur le registre des publications.

Loi du 20 *septembre* 1792. *Art.* VIII, *tit.* IV. *sect.* III, *p.* 24.

JUGES (les) des tribunaux de district seront juges des contestations élevées devant l'officier public, chargé de prononcer le divorce, sur la nature et la validité des jugemens de séparation de corps déjà prononcés, ou portant condamnation de peines afflictives ou infamantes.

(V. *Contestasions.*)

M

MAJORITÉ (la) pour mariage est fixée pour les hommes et femmes à 21 ans accomplis.

Loi du 20 *septembre* 1792. *Art.* XI. *tit.* IV, *sect.* I, *p.* 18.

Nota. Par décret de la convention nationale, du 31 décembre 1792, la majorité à cet âge est absolue pour la libre disposition de ses biens.

MARIAGE (le) est un contrat civil, consenti entre un homme et une femme majeurs, sans intervention d'autrui.

Ou avec consentement du père ou de la mère, ou à défaut de père ou de mère, décédés ou interdits, avec consentement d'un nombre de parens déterminés par la loi, l'un des deux contractans, ou tous deux étant mineurs.

MARIAGE ne peut être contracté par les hommes au-dessous de 15 ans, et par les filles au-dessous de 13 ans.

Loi du 20 *septembre* 1792. *Art.* XIII, *tit.* IV, *sect.* I, *p.* 21.

(V. *Age*, *Majorité*, *Promesses*, *Consentement*, *Publication.*)

MARIAGES contractés en contravention des articles IV, V, VI, VII, VIII et IX du titre IV, section I, de la loi du 20 septembre 1792, seront nuls et de nul effet.

Loi du 20 *septembre* 1792. *Art.* XIII, *tit.* IV, *sect.* I, *p.* 21.

(V. *Consentement.*)

MARIAGE est prohibé entre parens naturels et légitimes en ligne directe, entre les alliés dans cette ligne, et entre le frère et la sœur.

Loi du 20 *septembre* 1792. *Art.* XI, *tit.* IV, *sect.* I, *p.* 20.

MARIAGE est interdit à ceux qui sont incapables de consentement.

Loi du 20 *septembre* 1792. *Art.* XII, *tit.* IV, *sect.* I, *p.* 21.

MARIAGE, (second) ne peut être contracté, que le premier n'ait été dissous conformément aux loix.

Loi du 10 *septembre* 1792. *Art.* X, *tit.* IV, *sect.* I, *p.* 20.

(V. *Divorce*, *Opposition.*)

MARIAGE (le) sera précédé d'une publication faite le dimanche à l'heure de midi devant la porte extérieure et principale de la maison commune, par l'officier public.

MARIAGE ne pourra être contracté que huit jours après cette publication.

Loi du 20 *septembre* 1792. *Art.* III, *tit.* IV, *sect.* 2, *p.* 20.

MARIAGE sera contracté par la déclaration que fera chacune des parties, et à haute voix, en présence de l'officier public chargé de les recevoir, et de les publier lui-même dans les formes prescrites par la loi.

(V. *Acte de mariage, Déclaration.*)

MARIAGE contracté devant des officiers civils antérieurement à la publication de la loi ci-après citée, sera déclaré dans la huitaine de ladite publication devant l'officier public de la municipalité du domicile des parties, lequel en dressera acte sur les registres aux formes prescrites.

Loi du 20 *septembre* 1792. *Art.* IX, *tit.* IV, *sect.* IV, *p.* 30

(V. *Déclaration, Acte.*)

MARIAGE est dissoluble par le divorce.

Loi du 20 *septembre* 1792. *Art.* I, *tit.* IV, *sect.* V; et *Art.* I, *paragr.* I, *p.* 51 *et* 46.

MARIAGE nouveau, entre époux divorcés, peut avoir lieu en tout temps.

MARIAGE NOUVEAU avec d'autres, après divorce, ne peut avoir lieu qu'un ans après, lorsque le divorce a été prononcé sur consentement mutuel, ou pour simple cause d'incompatibilité d'humeur ou de caractère.

MARIAGE NOUVEAU avec autre que le

premier mari, ne peut avoir lieu pour la femme divorcée pour cause déterminée, qu'après un an de la date du divorce.

Si ce n'est qu'il soit fondé sur l'absence du mari depuis cinq ans sans nouvelles.

Loi du 20 *septembre* 1792. *Art.* II, III, *paragr.* III, *p.* 71 *et* 72.

MARIAGE NOUVEAU après divorce, fondé sur l'absence du mari depuis cinq ans sans nouvelles, peut avoir lieu en tout temps.

Dernier article de la loi citée, p. 72.

MARIAGE (pour) nouveau, les époux divorcés ayant enfans ne pourront faire de plus grands avantages, *à ceux qu'ils se proposeroient d'épouser*, que ne le peuvent selon les loix les époux veufs qui se remarient, ayant enfans.

Loi du 20 *septembre* 1792. *Art.* VIII, *paragraphe* IV, *p.* 80.

MARIAGE NOUVEAU avec un autre que l'époux divorcé éteint toute pension alimentaire ou d'indemnité, résultant des effets du divorce. (V. *Indemnité*, *Pension.*)

MINEURS de moins de 21 ans ne peuvent contracter mariage, sans le consentement de leurs père et mère, ou pasens ou voisins.

MINEURS, hommes, ne peuvent contracter mariage même avec ces consentemens, avant 15 ans révolus.

Filles ne le peuvent de même avant 13 ans révolus.

Loi du 20 *septembre* 1792. *Art.* 1 *et* III, *tit.* IV, *sect.* 1, *p.* 18.

(V. *Age.*)

MODES DU DIVORCE sont différens suivant les causes qui y donnent lieu.

(V. *Divorce.*)

MORT VIOLENTE. (V. *Corps.*)

O

OFFICIERS PUBLICS ne doivent insérer, dans la rédaction des actes et sur les registres, aucunes clauses, notes ou énonciations autres que celles contenues aux déclarations qui leur seront faites, à peine de destitution, qui sera prononcée par voie d'administration par les directoires de département, sur la dénonciation soit des parties, soit des procureurs des communes ou procureurs-syndics, et sur la réquisition des procureurs-généraux-syndics.

Loi du 20 *septembre* 1792. *Tit.* III, *art.* XII, *p.* 16.

(V. *Dénonciations et Faux.*)

OFFICIERS (les) publics sont seuls chargés

des publications des promesses de mariages, dont il doit être dressé acte.

(V. *Mariage, Acte, Registre, Publications, Oppositions.*)

OFFICIERS PUBLICS viseront les originaux d'oppositions à mariages.

(V. *Acte d'opposition à mariage, Registres.*)

OFFICIER PUBLIC doit prononcer le divorce sans autre connoissance de cause, sans forme préalable et sans délai, entre époux dont l'un le requiert, attendu le jugement de séparation de corps, ou portant condamnation à des peines afflictives ou infamantes.

Loi du 20 *septembre* 1792. *Art.* XV *et* XVI, *paragr.* II, *p.* 67 *et* 68.

(V. *Contestation*, *Juges*, *Divorce.*)

OFFICIER PUBLIC sera tenu de prononcer, et sans délai, divorce demandé pour absence de cinq ans, justifiée contre l'un des époux par acte de notoriété (V. *Divorce.*)

OFFICIER PUBLIC ne pourra passer outre à l'acte de mariage, au préjudice des oppositions formées dans les cas et les formes spécifiés par la loi, à peine de destitution, de 500 livres d'amende, et de tous dommages et intérêts.

Loi du 20 *septembre* 1792. *Art.* IX, *tit.* IV, *sect.* III, *p.* 26.

(V. *Opposition*, *Consentement*, *Divorce*, *Registres*, *Visa.*)

OFFICIER PUBLIC (l') avant de recevoir la déclaration de mariage des parties, et de la prononcer lui-même d'après elles, fera lecture en leur présence, et en celle des parens et témoins, des pièces relatives à l'état des parties, et aux formalités de mariage, tels que les actes de naissance, les consentemens des pères et mères, l'avis de la famille, les publications, oppositions et jugemens de main-levée.

Loi du 20 *septembre* 1792. *Art.* IV, *tit.* IV, *sect.* IV, *p.* 28.

(V. *Déclaration*, *Acte de mariage.*)

OFFICIER PUBLIC (l') chargé de recevoir les actes de mariage, naissance et décès, prononcera la dissolution du mariage par le divorce dans la forme qui suit.

Loi du 20 *septembre* 1792. *Art.* II, *sect.* V, *p.* 31.

(V. *Divorce.*)

Formes à observer par l'officier public, pour la prononciation et la consommation du divorce par consentement mutuel, et lorsque les deux époux se présenteront ensemble devant lui.

Lorsque deux époux demanderont conjointement

tement le divorce, ils se présenteront, accompagnés de quatre témoins majeurs, devant l'officier public, ou à la maison commune, au jour et heure qu'il aura indiqués.

Ils justifieront qu'ils ont observé les délais exigés par loi sur le mode du divorce ; ils représenteront l'acte de non-conciliation qui aura dû leur être délivré par leurs parens assemblés, et sur leur réquisition, l'officier public prononcera que leur mariage est dissous.

Il sera dressé acte du tout sur le registre des mariages ; cet acte sera signé des parties, des témoins et de l'officier public, ou il sera fait mention de ceux qui n'auront pu ou su signer.

Loi du 20 *septembre* 1792. *Art.* III *et* IV, *tit.* IV, *sect.* V, *p.* 31 *et* 32.

Formes à suivre par l'officier public pour la prononciation et consommation du divorce demandé par l'un des époux seulement, et dans tous les cas de divorce, excepté pour absence de cinq ans sans nouvelles, constatée par acte de notoriété.

Dans le cas où l'un des conjoints seulement demanderoit le divorce, il sera tenu de faire signifier à son conjoint un acte aux fins de le voir prononcer. Cet acte contiendra la réquisition de se trouver en la maison commune de la municipalité dans l'étendue de laquelle le mari a son domicile, et devant l'officier public chargé des actes de naissance, mariage et décès, dans le délai qui aura été fixé par cet officier ; ce délai ne pourra être moindre de trois jours, et en outre d'un jour par dix lieues en cas d'absence du conjoint appelé.

A l'expiration du délai, le conjoint demandeur se présentera, accompagné de quatre témoins majeurs, devant l'officier public. Il représentera les différens actes ou jugemens qui doivent justifier qu'il a observé les formalités et les délais exigés par la loi sur le mode du divorce, et qu'il est fondé à le demander. Il représentera aussi l'acte de réquisition qu'il aura dû faire signifier à son conjoint ; et sur sa réquisition, l'officier public prononcera, en présence ou en absence du conjoint duement appelé, que le mariage est dissous.

Il sera dressé acte du tout sur le registre des mariages.

Loi du 20 *septembre* 1792. *Art.* V, VI *et* VII, *tit.* IV, *sect.* V, *p.* 32, 33 *et* 34.

OFFICIER PUBLIC (l') en cas de contestation sur aucuns des actes ou jugemens qui lui seront représentés, ne peut en prendre connoissance.

(V. *Contestations.*)

OFFICIER PUBLIC (l') qui aura prononcé le divorce, et en aura fait dresser acte sur les registres de mariage, sans qu'il lui ait été justifié des délais, des actes et des jugemens exigés par la loi sur le divorce, sera destitué de son état, condamné à 300 livres d'amende et aux dommages-intérêts des parties.

Loi du 20 *septembre* 1792. *Art.* IX, *tit.* IV, *sect.* V, *p.* 34.

OFFICIER MUNICIPAL (l') convoquera en la maison commune du lieu, à jour et heure qu'il indiquera, les assemblées de parens ou d'amis, pour raison de divorce provoqué par l'un des deux époux, pour raison d'incompatibilité d'humeur et de caractère.

L'assemblée formée, l'officier municipal se retirera pendant les explications et debats de famille : il n'y sera rappelé qu'en cas de non-conciliation, et afin d'en recevoir la déclaration des parens et amis, ainsi que de la prorogation.

L'officier municipal en agira de même à chaque retour d'assemblée, par suite des différentes prorogations ordonnées par la loi.

Loi du 20 *septembre* 1792. *Art.* IX, X, XI, XII *et* XIII, *parag.* II, *p.* 65 *et suiv.*

(V. *Divorce pour cause d'incompatibilité d'humeur*, *Dépôt*, *Expédition*.)

OFFICIER MUNICIPAL (l') doit être requis

et doit recevoir d'assemblée de parens ou amis, acte de non-conciliation d'entre deux époux qui ont demandé le divorce par consentement mutuel.

Loi du 20 *septembre* 1792. *Art.* IV, *parag* II, *p.* 60.

(V. *Divorce, Dépôt, Expéditions, Enregistrement.*)

OFFICIERS (les) MUNICIPAUX seront tenus de faire le récollement des registres des déclarations des naissances et décès qui seront déposés tous les trimestres à la maison commune par les commissaires de police avec les registres généraux, de relever les contraventions s'il en a été commis, et de les dénoncer au procureur de la commune, qui sera tenu de poursuivre les personnes trouvées en contravention, pour les faire punir comme il est dit en l'art. Ier de la sect. Ire de la loi ci-après datée.

Décret de la convent. nat. du 19 *décembre* 1792. *Sect.* II, *art.* VI. *p.* 52.

(V. *commissaire de police, Déclarations de naissance.*)

OPPOSITIONS. Les personnes dont le consentement est requis pour les mariages des mineurs, pourront seules s'y opposer.

Loi du 20 *septembre* 1792. *Art.* I, *tit.* IV, *sect.* III, *p.* 24.

(V. *Consentement.*)

OPPOSITION pourra être formée aux mariages, soit des majeurs, soit des mineurs, par les personnes déjà engagées par mariage avec l'une des parties.

Loi du 20 *septembre* 1792. *Art.* II, *tit.* IV, *sect.* III, *p.* 24.

(V. *Mariage*, *Divorce.*)

OPPOSITION de deux parens sera admise, dans le cas de démence des majeurs, et lorsqu'il n'y aura point encore d'interdiction prononcée.

Loi du 20 *septembre* 1792. *Art.* III, *tit.* IV *sect.* III, *p.* 24.

(V. *Acte d'opposition*, *Officier public*, *Registre*, *Juge.*)

OPPOSITIONS (toutes) *à mariage* formées hors les cas, les formes et par toutes personnes autres que celles désignées par la loi, seront regardées comme non-avenues, et l'officier public pourra passer outre à l'acte de mariage.

Loi du 20 *septembre* 1792. *Art.* IX, *tit.* IV, *sect.* III, *p.* 26.

(V. *Officier public*, *Acte*, *Consentement*, *Divorce*, *Opposition.*)

PARTAGE des biens entre divorcés.

(V. *Communauté*, *Créanciers*, *Enfans*.)

PENSION VIAGÈRE aura lieu sur les biens de l'époux contre lequel le divorce aura été obtenu par l'autre, en indemnité de la perte des effets du mariage, opérée par sa dissolution.

(V. *Indemnité*.)

PENSION ALIMENTAIRE sera allouée dans tous les cas de divorce par des arbitres de famille, à l'époux divorcé qui se trouvera dans le besoin, et ce autant néanmoins que les biens de l'autre époux pourront la supporter, déduction faite de ses propres besoins.

Loi du 20 *septembre* 1792. *Ars.* VII *et* VII, *garagr.* III, *p.* 74 *et* 75.

PENSIONS D'INDEMNITÉ ou alimentaires, *accordées à l'époux qui aura obtenu le divorce contre l'autre*, seront éteintes, si l'époux divorcé qui en jouit contracte un nouveau mariage.

Loi du 20 *septembre* 1792 *Art.* IX, *paragr.* III, *p.* 75.

(V. *Mariage nouveau*.)

POURSUITES (les) des contraventions commises dans la tenue des registres de naissances, etc., seront faites par les procureurs-généraux-syndics des départemens.

PROMESSES DE MARIAGE.

(V. *Publications.*)

PUBLICATIONS (les) de promesses de mariage seront faites dans le lieu du domicile actuel de chacune des parties, lorsqu'elles seront majeures, au-devant de la porte extérieure et principale de la maison commune.

Les promesses des personnes mineures seront publiées de même dans le lieu du domicile de leurs pères et mères.

Si ceux-ci sont morts ou interdits, les publications des promesses de mariage entre mineurs seront faites dans les mêmes formes dans le lieu où se sera tenue l'assemblée de famille, requise pour leur mariage.

Loi du 20 *septembre* 1792. *Art.* 1, *tit.* V, *sect.* II, *p.* 21.

(V. *Mariage*, *Consentement*, *Officier public*, *Acte*, *Domicile.*)

PUBLICATION DES ACTES de divorce aura lieu, comme auparavant celle des jugemens de séparations de corps ou de biens.

(V. *Actes de divorce.*)

R

REGISTRE (les) des publications de promesses de mariage ne seront pas tenus doubles.

Loi du 20 *septembre* 1792. *Art.* IV, *tit.* IV, *sect.* II, *p.* 22.

(V. *Actes*, *Dépôt.*)

REGISTRE (le) particulier pour les publications de mariage servira aussi pour les actes préliminaires du divorce qui doivent être dressés par un officier municipal.

Décret de la convent. nat. du 19 *décembre* 1792. *Sect.* Ire, *art.* III, *p.* 85.

REGISTRES DES NAISSANCES, *mariages et décès.*

Chaque municipalité en aura un destiné à chacune des espèces de ces actes.

Chacun de ces trois registres sera double, coté et paraphé, aux termes de la loi, art. II, ci-après citée.

Loi du 20 *septembre* 1792. *Art.* I *et* II, *tit.* II, *p.* 4.

(V. *Tables.*)

REGISTRES des actes préliminaires du divorce et ceux de publications des mariages et d'oppositions auxdits mariages, seront timbrés, fournis aux frais de chaque district, et envoyés aux municipalités par les directoires, tous les quinze premiers jours du mois de décembre de chaque année.

Ces registres seront cotés par premier et dernier, et paraphés sur chaque feuillet par le président de l'administration du district ou, à son défaut, par un des membres du directoire.

Décret de la convent. nat. du 19 *décembre* 1792. *Sect.* Ire, *art.* V, *p.* 83.

REGISTRES (les) de tables décennales seront aussi doubles, timbrés, cotés et paraphés.

Loi du 20 *septembre* 1792. *Tit.* II, *art.* XVI, *p.* 8. (V. *Table*, *Dépôt.*)

REGISTRES (les), dans les villes dont l'étendue et la population exigent qu'il y ait plus d'un officier public pour constater les naissances, mariages et décès, leur seront fournis doubles; ces officiers seront tenus de se conformer aux règles prescrites.

Loi du 20 *septembre* 1792. *Art.* XXII, *tit.* II, *p.* 10.

REGISTRE DES MARIAGES servira également à inscrire les actes de divorce.

Loi du 20 *septembre* 1792. *Art.* IV, *tit.* IV, *sect.* V, *p.* 32. (V. *Acte*, *Officier public.*)

REGISTRES (les) des publications de promesses de mariage, contiendront à chacune mention sommaire des oppositions qui y seront survenues, et aussi mention des main-levées.

Loi du 20 *septembre* 1792. *Art.* VI *et* VIII, *tit.* IV, *sect.* III, *p.* 25 *et* 26.

(V. *Juge*, *Jugement.*)

REGISTRES (les) *de naissance et de décès*

seront fournis aux commissaires de police par les municipalités, ils seront cotés par premier et dernier, et paraphés à chaque feuillet, le tout sans frais, par le maire, ou, à son défaut, par un officier municipal suivant l'ordre de la liste. Tous lesdits registres et les extraits qui en seront délivrés seront exempts de la formalité et du droit d'enregistrement.

Décret de la convent. nat. du 19 *décembre* 1792. *Sect.* II, *art.* V, *p.* 89.

REGISTRES, il en sera fourni à chacun des commissaires de police deux simples, c'est-à-dire sans doubles, l'un pour les naissances et l'autre pour les décès.

Décret de la convent. nat. du 19 *décembre* 1792. *Sect.* II, *art.* III, *p.* 88.

REGISTRES (les) servans à constater l'état civil des citoyens seront tous réunis dans le même lieu, dans chaque commune de 50,000 ames et au-dessus, et la garde en sera confiée à un commis en chef, qui sera nommé au scrutin par les conseils généraux des communes.

(V. *Conseils généraux des communes.*)

REGISTRE (en marge du) sur lequel seront inscrits les actes de divorce, et à chacun de ces actes, il sera fait mention de leurs dates d'enregitremens et du remboursement du droit.

(V. *Enregistrement.*)

SÉPARATION (aucune) de corps ne pourra être prononcée à l'avenir ; les époux ne pourront être désunis que par le divorce.

Loi du 20 *septembre* 1792. *Art.* VII, *paragraphe* 1, *p.* 58.

SÉPARATION (toutes demandes et instances en) de corps non jugées, sont éteintes et abolies.

SÉPARATION (les jugemens de) non exécutés, ou attaqués par l'appel ou par la voie de la cassation, demeureront comme non-avenus ; le tout, sauf aux époux à recourir à la loi du divorce.

Loi du 20 *septembre* 1792. *Art.* VI, *parag.* 1, *p.* 58.

(V. *Modes du divorce.*)

SÉPARÉS (les époux) maintenant de corps, par jugement exécutés ou en dernier ressort, auront mutuellement la faculté de faire prononcer leur divorce.

Loi du 20 *septembre* 1792. *Art.* V, *parag.* 1, *p.* 57.

(V. *Officier public.*)

T

TABLE DES REGISTRES DE NAISSANCE, etc.

A la fin de chaque année dans les quinze

premiers jours du mois de janvier, il sera fait à la fin de chaque régistre une table par ordre alphabétique des actes qui y seront contenus.

Loi du 20 *septembre* 1792. *Tit.* II, *art.* VIII, *p.* 6.

Ces tables annuelles seront refondues tous les dix ans par les municipalités, dans une seule ; la première refonte ou réunion aura lieu en l'année 1800.

Loi du 20 *septembre* 1792. *Tit.* II, *art.* XV, *p.* 8. (V. *Dépôt.*)

TABLES-DECENNALES.

(V. *Dépôt.*)

V

VERIFICATION DES REGISTRES *de naissance*, etc.

Elle sera faite par les directoires de district.

Loi du 20 *septembre* 1792. *Tit.* II, *art.* X, *p.* 7.

VISA (le) de l'officier public devra être apposé, et sur l'original, à toutes oppositions *à mariage* qui lui seront signifiées.

Loi du 20 *septembre* 1792. *Art.* V, *tit.* IV, *sect.* III, *p.* 25.

(V. *Opposition*, *Officier public.*)

FORMULES

FORMULES
DES ACTES
DE NAISSANCE, MARIAGE, DECÈS
ET DIVORCE.

FORMULES
DES ACTES
De Naissance, Mariage, Décès, et Divorce.

FORMULES
DES ACTES DE NAISSANCE.

FORMULE ordinaire de déclaration, et d'acte de naissance.

Nota. Dans les communes au-dessous de cinquante mille ames, les déclarations et actes de naissance doivent être faits et dressés dans les vingt-quatre heures de la naissance de l'enfant.

Les témoins assistant le déclarant, tous deux du même sexe indifferemment, ou de différent sexe, doivent être âgés au moins de 21 ans.

Les actes et déclarations doivent être écrits sur un registre particulier timbré, de suite et sans aucun blanc, sans abréviation, ni dates en chiffres ; les renvois et les ratures doivent y être approuvés et signés de la même manière que le corps de l'acte.

Voyez *art.* IV, *tit.* I ; *art.* I, II *et* III, *tit.* II *de la loi du* 20 *septembre* 1792. *État civil des citoyens.*

Pour faciliter les recherch s, il ne sera pas inutile de mettre à chaque acte, en marge, les prénoms (*) et noms de famille, donnés à l'enfant, et d'énoncer la date du mois et de l'année.

Daus les communes de 50,000 ames et au-dessus, les déclarations de naissances doivent être faites d'abord, et dans les trois jours, devant le commissaire de police ou du quartier ; ces déclarations doivent être réitérées vingt-quatre heures après à la maison commune, ou devant l'officier public commis exprès pour en dresser l'acte.

Le du mois d l'an mil sept cent de la république française, heure de du matin ou *de l'après-midi, devant nous membre du conseil général de la commune de département de*

(*) *On entend par* prénoms, *ce que l'on appelait autrefois* noms de baptême.

district de *canton de* *officier public demeurant à* *nommé et commis exprès en exécution de la loi du 20 septembre 1792, pour recevoir les déclarations et tenir les registres des actes de naissance en cette commune*, ou bien dans le cas de l'absence de l'officier public. V. art. IV du tit. I de la loi ci-dessus, *devant nous, maire*, ou *officier municipal*, ou *membre du conseil général pour l'absence de* *officier public, etc.* *en la maison commune, s'est présenté le citoyen* Antoine-Joseph Bonfoy, sa profession, *habitant dudit lieu d* *y demeurant rue* ou *lieudit* ou bien, après la qualité, *demeurant en la commune d* *département d* *district d* *canton d* *rue* ou *lieu-dit* *assisté du citoyen* Marc-Paul Lion, sa qualité, *habitant de ce lieu, y demeurant rue* ou *lieudit* ou bien, après la qualité, *demeurant en la commune d* . Comme pour le père, en cas d'autre domicile; *et du citoyen* François Leblond, la qualité, *habitant*, etc.

Si les deux témoins, ou l'un d'eux, sont femmes ou filles, alors il faut mettre leurs prénoms et noms de famille, les prénoms et de famille de leurs mari ou père, avec qualité et demeure de ces derniers, comme ci-dessus pour les témoins; *témoins par lui amenés exprès, lequel nous a déclaré qu'il lui est né* tel jour, telle heure, tel lieu, *de* Marguerite Favard, *son épouse, un enfant mâle* ou *fille, qu'il nous a présenté, et auquel* ou *à laquelle il a déclaré donner le prénom d dont acte; et ont signé avec nous les déclarans et les témoins ci-devant nommés, qualifiés et domiciliés.*

Fait au lieu d en la maison commune, les jour et an que dessus. Les signatures, ou mention de ceux qui ne savent pas signer.

FORMULE de déclarations et d'actes de naissance déclarée par un chirurgien ou une sage-femme, en cas d'absence du mari.

LE, etc. comme à la formule précédente, *s'est présenté le citoyen*, prénom et nom de famille, *chirurgien, demeurant en la ville de*, ou *au lieu d département d district d canton d* ou si c'est une sage-femme fille, les prénoms et noms de fam[illegible] sage-femme, *demeurant en la ville de* etc. Si elle est mariée, ses prénoms, noms de famille, *femme de*, les prénoms et noms de famille du mari, sa qualité, *demeurant*, etc. *elle sage-femme*, *lequel* ou *laquelle*, *assisté du*, etc, comme au précédent acte, *a déclaré que*, le jour, l'heure et le lieu, *il* ou *elle*, *a assisté à la naissance d'un enfant mâle* ou *fille*, *qu'il* ou *qu'elle nous a présenté*, *provenant de*, les prénoms et noms de famille de la mère, *épouse de*, les prénoms et noms du mari, *son mari*, sa qualité, *demeurant à* , *lequel est absent*, *auquel enfant ledit chirurgien* ou *sage-femme et les témoins*, *ont déclaré donner le prénom* ou *les prénoms de*, etc. Le reste comme au précédent acte.

FORMULE de déclaration et d'acte de naissance dans une maison publique, ou maison d'autrui.

LE, etc, comme au précédent acte, *s'est présenté le citoyen* ou *la citoyenne*. ses prénoms et noms de famille, sa qualité en maison publique, ou autre, sa demeure, comme au precédent acte, *assisté de*, etc. témoins, etc. *lequel* ou *laquelle a déclaré que*, le jour et

l'heure, *en la maison ci-devant désignée dont il* ou *elle a la direction en chef*, ou *qui lui appartient, il est né de*, les prénoms et noms de famille de la mère ; si elle est reconnue pour mariée, *épouse de*, les prénoms et noms du mari, sa qualité, sa demeure, *un enfant mâle* ou *fille*, *auquel* ou *à laquelle il* ou *elle a déclaré donner les prénoms de*
Dont acte, etc.

FORMULE d'acte de naissance à la suite de transport dans la maison où est né l'enfant étant en danger imminent.

LE, etc. *Nous, membres de la commune de*, etc. ou *maire*, etc. *requis par* les prénoms, noms, qualités et domicile de celui qui aura prévenu l'officier public, *nous sommes transportés en une maison de cette commune*, la désigner par le nom de la rue, celui du propriétaire et du locataire, s'il y en a un, *à l'effet d'y recevoir la déclaration de naissance d'un enfant, dont le péril imminent ne permet pas de le transporter à la maison commune ; et y étant, nous y avons trouvé*, désigner par prénoms, noms, qualités et demeures toutes les personnes s'y trouvant à l'arrivée de l'officier public, *tous lesquels nous ont déclaré que l'enfant dont il s'agit est mâle* ou *fille, et provient de*, recevoir la déclaration telle qu'elle sera faite, *auquel* ou *à laquelle ils ont tous déclaré donner le prénom de* *Dont acte*, etc., comme aux précédentes.

FORMULE *de déclaration et d'acte de naissance d'enfant qui a été exposé, et envoyé à l'officier public avec procès-verbal du juge de paix*, ou *officier de police.*

V. *Art.* IX, X *et* XI, *tit* III *de la Loi du* 20 *septembre, déjà citée.*

Le *du mois d* *l'an mil sept cent* *de la république française, heure de* *du matin* ou *de l'après-midi nous membres du conseil général de la commune d* etc., ou bien *nous maire, etc., en conséquence de la présentation à nous faite par* énoncer les prénoms, noms de famille, qualité et domicile du porteur de l'enfant, *d'un enfant mâle* ou *fille, trouvé exposé à* désigner le lieu de l'exposition, *ainsi qu'il est constaté par le procès-verbal du juge de paix d* ou *de l'officier de police d* *en date du à nous officiellement adressé en expédition, que nous avons réservée, et en vertu de la loi du 20 septembre 1792, avons ledit enfant nommé d'office* mettre les prénoms et noms. *Dont acte. En foi de quoi nous avons signé le présent. Fait*, etc.

Nota Les déclarations et actes de naissances, reçus par les officiers publics commis par les municipalités, dans les villes, peuvent n'avoir d'autres différences de ceux dont les formules se trouvent ci-dessus, que l'énonciation résultante de leurs commissions particulières.

ADDITION à faire aux actes de déclarations de naissances et décès, par les officiers municipaux ou officiers publics dans les communes de 50,000 ames et au-dessus, conformément à l'art. IV *de la sect.* II *du décret de la convention nationale, qui exige la représentation à la maison commune, de la copie du procès-verbal de la déclaration préliminaire qui aura été faite devant le commissaire de police de la section ou du quartier.*

L'acte comme il est porté au formulaire, et après ces mots : *Un enfant mâle* ou *fille qu'il nous a présenté*, ajouter *dont il a fait déclaration au commissaire de police de sa section* ou *quartier ainsi qu'il résulte de l'extrait du procès-verbal de ladite déclaration signée dudit commissaire, que ledit nous a remise, auquel enfant il a déclaré*, etc.

Dans les actes de décès ajouter la même formule après ces mots *du décès de* jusques et compris ceux-ci, *que led. nous a remise.*

FORMULE de déclaration de naissance devant les commissaires de police.

LE du mois de l'an 179 *le de la république française, heure de du matin ou de l'après-midi devant nous commissaire de police de la section en la ville de département de district de en exécution du décret de la convention nationale, du* 19 *décembre* 1792, *s'est présenté*, etc. Pour le surplus, V. *Formules des actes de naissance.*

De même pour les actes de décès.

FORMULES

DES PUBLICATIONS DE MARIAGE.

Nota. Ces formules doivent être faites les dimanches seulement, heure de midi, au-devant de la principale porte de chaque maison commune, du domicile des futurs époux, et affichées pendant huit jours dans les villes de dix mille ames et au-dessous, seulement à la porte de ladite maison commune, et aussi pendant le même-temps, à la principale porte du chef-lieu des sections, dans toutes les villes et lieux dont la population excède dix mille ames.

Voyez art. III, VI *et* VII *du tit.* IV, *sect.* II *de la loi du* 20 *septembre* 1792.

Les publications pour mariage des mineurs, ne devront être faites que du consentement de leur père ou mère, le père décédé ou interdit, ou parens assemblés à cet effet, les père ou mère décédés ou interdits.

Voyez art. 1, *du titre et section ci-dessus cités, même la loi.*

FORMULE

FORMULE de publication entre majeurs.

Ce jourd'hui, la date, l'année, l'heure; *sachent tous citoyens qu'il y a promesse et déclaration de mariage entre majeur*, l'état, *demeurant à* *fils de* les prénoms et noms de ses père et mère, leur état et leur demeure, *et* *fille majeure*; sont état, si elle en a un, sa demeure, *fille de* les prénoms et noms de ses père et mère, leur état et demeure; *laquelle déclaration sera faite dans huitaine, aux termes de la loi.*

FORMULE de publication de mariage entre mineurs, ou majeur et mineur.

Comme à la précédente pour les majeurs; *qu'il y a promesse de déclaration de mariage entre* les prénoms, nom de famille du mineur, son état, s'il en a un, sa demeure, si elle est différente de celle de ses père et mère; *fille* ou *fils mineur de* les prénoms de ses père et mère, leur état et demeure; *laquelle déclaration sera faite dans huitaine, aux termes de la loi, par le mineur* ou *les mineurs, du consentement dud.* *son père* tce, *ou du consentement de ses parens assemblés à cet effet, en conformité à la même loi.*

FORMULE d'acte de publication à porter sur le registre à ce destiné.

CE jourd'hui jour du mois d l'an mil sept cent de la république française heure de midi, au-devant de la principale porte de la maison commune, nous membre du conseil général de la commune d département d district d canton d y demeurant, officier public etc. *nommé et commis pour recevoir les déclarations et actes de mariage, et en faire les publications, avons fait celle de la promesse de mariage d'entre* etc. Prendre les noms des futurs époux, de leur père ou mère; *laquelle publication a été à l'instant, par nous mise au tableau* ou *aux tableaux publics* (*) *à ce destinés, pour y rester le temps prescrit par la loi. Dont acte, que nous avons signé.*

(*) V. *Art.* IV, VI *et* VII, *tit.* IV, *sect.* II *de la Loi du* 20 *septembre. État civil des citoyens.*

OPPOSITIONS à mariage, et suite de la part de l'officier public.

Les oppositions à mariage peuvent être formées ; 1.o par les personnes dont le consentement est requis pour le contracter. Celui du père ou de la mère, ou à leur défaut par décès, seulement celui d'une assemblée de parens pour les mineurs de 21 ans.

Voyez art. II, III, IV, V, VI, VII, VIII *et* IX, *tit.* IV, *section* I *de la loi du* 20 *septembre* 1782. *État civil des citoyens.*

2o. Par deux parens des majeurs étant en démence ;

3o. La femme ou le mari non divorcés, pourront aussi former opposition à un nouveau mariage. Toute espèce d'opposition en contiendra les motifs. L'original de toute opposition à mariage, signifiée à un officier public, sera par lui visé du jour et de l'heure auxquels il en aura reçu copie.

Telle peut être la formule de ce visa.

Vu par nous officier public, qualifié et domicilié au présent acte, le du mois d l'an 1792, *de la république, heure de et signé.*

Ce visa peut se mettre en marge de l'original de cet acte.

Voyez art. I, II, III, IV *et* V, *tit.* IV, *section* III, *loi du* 20 *septembre* 1792. *De l'état civil des citoyens.*

L'officier public sera tenu de faire mention des oppositions des personnes ci-dessus, étant dans les formes prescrites par la loi, sur le registre des publications.

Cet officier ne pourra passer outre, c'est-à-dire, recevoir la déclaration définitive de mariage, des majeurs ou mineurs devant le contracter en sa présence aux termes de la loi, que les juges n'ayent donné main-levée de ces oppositions.

A l'égard d'oppositions formées par toutes autres personnes que celles ci-dessus désignées, pour tous autres motifs que ceux permis par la loi, ou n'étant pas faites dans les formes strictes qu'elle prescrit, l'officier public peut passer outre de son autorité, à la réception de déclaration de mariage.

Dans les cas où les oppositions à mariage auront été jugées, les parties qui en auront obtenu main-levée, remettront à l'officier public expédition du jugement qui l'aura prononcée.

L'officier public fera mention de ce jugement en marge de l'opposition ou des oppositions qui y auront donné lieu, et alors l'acte de déclaration de mariage pourra être dressé.

Voyez art. VI, VII, VIII *et* IX, *tit.* IV, *section* III, *loi du* 20 *septembre* 2792. *De l'état civil des citoyens.*

FORMULE ordinaire d'acte de mariage entre majeurs, et auquel il n'est survenu aucune opposition.

Nota. Toute déclaration de mariage ne pourra avoir lieu qu'après une publication, et huitaine après cette publication.

Art. III, *tit.* IV, *section* II, *loi du* 20 *septembre* 1792. *De l'état civil des citoyens.*

Les mineurs de moins de vingt-un ans, ne peuvent se marier sans consentement de leur père ou mère, ou parens assemblés à cet effet, dans les cas prévus par la loi.

Mariage ne peut avoir lieu pour les hommes avant quinze ans révolus, et treize ans révolus pour les filles.

Homme ou femme engagés dans les liens du mariage, ne peut en contracter un second, que le premier n'ait été dissous conformément aux loix.

Insensés ne peuvent se marier.

Mariage est prohibé entre parens naturels

et légitimes en ligne directe et autre, entre les alliés dans cette ligne, et entre le frère et la sœur.

Voyez tit. IV, *même loi que dessus.*

Acte de mariage doit contenir :

1°. Les prénoms, noms, âge, lieu de naissance, profession et domicile des époux.

2°. Les prénoms, noms, profession et domicile des pères et mères.

3°. Les prénoms, noms, âge, profession, domicile des témoins et de leurs déclarations, s'ils sont parens ou alliés des parties.

4°. La mention des publications dans les divers domiciles, des oppositions qui y auroient été faites, et des jugemens de main-levée.

5°. La mention du consentement des pères et mères ou de la famille, dans les cas où il y a lieu.

6°. La mention de la déclaration des parties, et du prononcé de l'officier public.

V. *sect.* IV *de la loi déjà citée.*

Si le mariage projeté a lieu entre un homme veuf, ou divorcé d'avec une autre, il faudra établir c s qualités, et énoncer les noms de la personne décédée ou divorcée ; dont le décès ou le divorce permet le second mariage.

LE du mois de l'an mil sept cent de la république française, jour désigné par les futurs époux ci-après nommés, pour leur déclaration de mariage, en la salle publique de la maison commune, devant nous, membres du conseil-général de la commune d département d district d canton d officier public, demeurant à nommés et commis exprès, en exécution de la loi du 20 septembre 1792, pour recevoir les déclarations et tenir les registres des actes de mariage contractés en cette commune.

Ou bien, en cas d'absence de l'officier public,

Devant nous, maire, etc, comme aux actes de naissance.

Se sont présentés, les prénoms, noms, âges, lieux de naissance, professions et domiciles des futurs époux ; *tous deux majeurs, accompagnés de*, les prénoms, noms, professions et domiciles des pères et mères et des parens, s'il y en a en sus des quatre témoins; les prénoms, noms, âges, professions et

domiciles des quatre témoins (*) avec leurs déclarations de parenté et dégrés, ou de non parenté, *témoins à la déclaration de mariage qui aura ci-après lieu entre led.*
et fille *en exécution de loi susdatée.*

Et après qu'en présence desdits, répéter les noms et prénoms des futurs époux, *futurs époux, et desdits*, répéter les noms des témoins, *témoins, il a été fait lecture de l'acte de la publication de promesse de déclaration de mariage entre lesd.*
et fille *ladite publication faite le* *déposée et restée au tableau* ou *tableaux publics; le tout, aux termes et en exécution de la susdite loi, publication de promesse de déclaration de mariage, à laquelle il n'est survenu à notre connoissance aucune opposition.*

Après que le citoyen, le nom du futur époux, *a déclaré en notre présence et celle des témoins ci-devant dénommés, prendre,*

(*) Je crois que ces quatre témoins doivent être du sexe mâle, au surplus comparez les *art.* I, *tit.* III, et *art.* III, *tit.* IV, *sect.* IV *de la Loi du* 20 *septembre* 1792. *Etat civil des citoyens.*

le nom de la future épouse, *en mariage;*
Que la fille, le nom de la future épouse, *a également déclaré en notre présence et en celle desdits témoins, prendre le citoyen*, le nom du futur époux, *en mariage, nous, officier public, en présence desdits témoins, et au nom de la loi, avons déclaré lesdits citoyen*, le nom de l'époux, *et fille*, le nom de l'épouse, *unis en mariage, dont acte, auquel ont signé avec nous lesdits*
les noms des deux époux, *lesdits*
les noms des pères et mères et parens présens, *et lesdits* les noms des quatre témoins. Les signatures.

Dans le cas où quelques-uns des parens ou témoins, même les époux ne sauroient ou ne pourroient signer, l'officier public fera de suite mention de tous ceux qui sauront ou pourront signer; et après, de ceux qui ne sauroient ou pourroient signer, avec déclaration de la cause d'ignorance, ou d'impuissance actuelle.

FORMULE d'acte de mariage entre personnes dont l'une est veuve, ou a été divorcée d'avec une autre.

LA précédente peut servir, en observant d'énoncer, après les prénoms, noms, etc.

de chacun des futurs époux veufs ou divorcés, leur veuvage ou divorce d'après les actes qui les établissent, à-peu-près ainsi qu'il suit.

Se sont présentés les prénoms, etc. de l'un des futurs époux, *veuf* ou *divorcé de* les prénoms, noms, profession de l'époux décédé ou divorcé, *suivant l'extrait des registres de l'officier public de la commune d canton d district d département d délivré par le et qui nous a été représenté, lequel constate que ledit futur époux a été divorcé, aux termes de la loi, de avec lequel il avoit contracté mariage.*

Ou bien à cause de veuvage.

Duquel extrait il résulte que première femme ou *premier mari d futur époux, est décédé en la commune d canton d etc. le* tel jour, telle année.

FORMULE *d'acte de mariage entre majeurs, auquel est survenu des oppositions dont la main-levée a été accordée.*

COMME au précédent acte, jusqu'à ces mots inclusivement : *déposé et resté au tableau* ou *aux tableaux publics, le tout aux termes et en exécution de la susdite loi.*

Et continuer ainsi :

De l'opposition formée audit mariage projeté entre lesd. les noms des deux futurs époux, *à la requête de* *par acte de* *en date de*

Extraire de l'acte les noms de l'opposant, ceux de l'huissier, leurs professions et demeure.

Du jugement rendu sur ladite opposition, contradictoirement entre les parties, ou bien si ce jugement est par défaut contre l'une des parties; *du jugement rendu sur ladite opposition, par défaut contre*, le nom du défaillant, *par le citoyen juge de paix du canton d* *district d* *département d* *ledit jugement en date du* *à nous remis en expédition, portant main-levée de ladite opposition.*

Le reste comme au précédent acte.

FORMULES d'actes d'assemblée de famille pour consentement à mariage de mineur, aux termes des art. VI, VII, VIII et IX, sect. Iere, tit. IV de la loi du 20 septembre 1792. (V. *page* 19.)

CETTE assemblée ne peut avoir lieu que dans le cas ou le père et la mère sont décédés, ou le survivant d'eux interdit.

Cette assemblée doit être composée des cinq plus proches parens paternels ou maternels, ou de voisins à défaut dudit nombre de parens, dans le même district.

Elle doit se tenir devant le maire ou autre officier municipal de la commune où demeurent les mineurs, en présence du procureur de la commune.

Cette assemblée peut être provoquée par le tuteur du mineur, s'il en a un, ou par le plus proche de ses parens. Il ne s'agira à cet effet que de prendre l'heure du maire ou autre officier municipal.

LE du mois d l'an mil sept cent république française, devant nous maire ou officier municipal de la commune d district

district d *département d*
heure du matin ou *de l'après-midi, en présence de* *procureur de ladite commune de* *s'est présenté*, le nom du tuteur, s'il y en a un, ou le nom du plus proche parent, *tuteur de* ou *oncle, plus proche parent de* *mineur, fils* ou *fille de*, les noms des père et mère, *ses père et mère décédés, ledit mineur demeurant en cette commune, rue de* *lequel dit tuteur*, ou *plus proche parent, nous a dit que ledit mineur étant sur le point de contracter mariage avec*, le nom et la demeure de l'autre époux prétendu; *qu'à l'effet de donner leur consentement ou refus audit mariage, il a convoqué des parens ou amis, aux termes des articles VI et VII du titre IV*, sect. Iere. *de la loi du* 20 *septembre* 1792, *devant nous; qu'il nous prie de recueillir leur avis, après qu'ils en auront délibéré entr'eux, et a signé*, ou faire mention qu'il n'a pu ou su signer.

Sont à l'instant comparus devant nous maire ou officier municipal et procureur de la commune dénommés, détailler les noms des parens et amis, leurs professions, demeures et degrés de parenté du mineur.

Et lesdits parens et amis en ayant délibéré

entr'eux, nous ont déclaré être unanimement d'avis de donner, comme de fait ils ont donné, leur consentement au mariage dudit mineur, projeté, avec le nom de la future épouse, *dont acte, auquel ont signé lesdits parens ou amis, le procureur de la commune, et nous.*

S'il n'y avoit pas d'unanimité, il faudroit constater les avis ainsi qu'il suit, et déclarer s'il y a majorité, c'est-à-dire, au moins trois voix pour le mariage; déclarer que le consentement a été donné audit mariage, le tout ainsi qu'il suit :

Et les parens et amis en ayant délibéré entr'eux, tels et tels *ont déclaré n'être pas de l'avis du mariage proposé pour ledit mineur, et y ont refusé leur consentement.*

Et tels et tels *ayant au contraire été d'avis dudit mariage projeté, et donné en conséquence leur consentement audit mineur, nous en avons dressé le présent acte, pour servir et valoir audit mineur, aux termes de l'art. IX, sect. Iere. du titre IV de la loi ci-dessus citée; et ont lesdits parens signé avec nous et le procureur de la commune.* Faire mention du refus de signer des parens, ou constater leur ignorance ou impuissance de signer.

FORMULE d'acte de mariage entre deux mineurs, ou un majeur et un mineur.

COMME aux précédens, jusqu'à ces mots *: se sont présentés* les prénoms, noms, âge, lieu de naissance, profession et domicile de chacun des deux futurs époux, *accompagnés etc.*, comme aux précédens actes.

Il a été fait lecture du consentement du père ou *de la mère*, ou *des parens dudit futur époux, donné en assemblée de famille, tenue devant maire* ou *officier municipal de la commune de aux termes de la loi, dont expédition nous a été remise, ledit acte en date du de la publication etc.*, comme aux précédens actes. S'il y a eu ou s'il n'y a pas eu opposition, suivre les formules de ces différentes circonstances.

FORMULES

DES ACTES DE DÉCÈS.

Nota. Les déclarations de décès doivent être faites comme celles de naissances, dans les communes de 50,000 ames, devant les commissaires de police. *Voyez* Déclaration de naissance.

FORMULE ordinaire de déclaration, et d'acte de décès.

Nota. Cette déclaration doit être faite à l'officier public, dans les vingt-quatre heures du décès, par les deux plus proches parens ou voisins du défunt, ou par les directeurs des maisons publiques ou maisons d'autrui. Aussitôt la déclaration, l'officier public doit se transporter au lieu où il lui a été déclaré qu'étoit le defunt, et dresser l'acte de décès ensuite de la déclaration.

Cet acte doit contenir les prénoms, noms, âge, profession et domicile des déclarans; au cas qu'ils soient parens, leur degré de parenté; les prénom et nom de l'épouse, s'il étoit marié ou veuf; et enfin toutes les fois qu'il sera possible, les prénoms, noms, professions et domicile de ses père et mère, et le lieu de sa naissance. Ces déclarations doivent être signées de l'officier public et des déclarans; et si l'un d'eux ou tous deux ne savoient ou ne pouvoient signer, il en sera fait mention ensuite de l'acte.

Voyez art. I, II, III, IV, V, *et* VI, *tit* V. *Loi du* 20 *septembre* 1792. *De l'état civil des citoyens.*

Les renvois et ratures doivent être approuvés. Il ne doit y avoir ni abréviation, ni chiffres. *Voyez Actes de naissance.*

Les gens divorcés, ou qui l'ayant été, seroient remariés, doivent être regardés comme veufs; l'acte de décès doit faire mention des noms de leurs épouses divorcées et actuelles.

LE etc., comme aux précédens actes. *Nous*, etc., *commis et nommé pour recevoir les déclarations et tenir les registres des actes de décès en cette commune*, ou, en cas d'absence de l'officier public, *nous*, *maire*, etc. *Sur la déclaration à nous faite du décès*

arrivé en cette commune, tel jour, telle heure, telle rue, telle maison, *du décès de*, les prénoms, noms, âge, profession et domicile du défunt, *né en la commune d*
canton d *district d*
departement d *fils*
ou *fille de*, les prénoms, noms, profession et domicile de ses père et mère, *époux*, ou *veuf*, ou *divorcé de*, les prénoms et noms de l'épouse actuelle, décédée ou divorcée ; ou bien si le défunt, auparavant veuf ou divorcé, étoit remarié, ajouter *auparavant veuf* ou *divorcé de*, les prénoms, noms de la défunte épouse ou divorcée, *par*, les prénoms, noms, âges, professions et domiciles des déclarans, l'énonciation à chacun de leur degré de parenté, ou *ses plus proches voisins; nous sommes transporté, avec lesdits déclarans, en la maison ci-dessus indiquée; nous nous y sommes assurés nous-mêmes du décès du citoyen ci-devant dénommé et qualifié, et y avons dressé le présent acte de décès, auquel ont signé avec nous les susdits déclarans* ou bien, *lequel nous avons signé avec*
l'un des déclarans; ledit autre déclarant, ayant déclaré ne le savoir.

FORMULE d'acte de décès arrivé dans les maisons publiques, ou d'autrui.

LE etc., comme au précédent acte, *sur la déclaration à nous faite par* les prénoms, noms, âge, *directeur* ou *administrateur de l'hôpital de* ou *de la maison publique de* y *demeurant* *du décès de*, les prénoms, noms, âge (s'il est possible) du défunt, et aussi (s'il est possible) toutes les énonciations de demeure, état, mariage existant, veuvage ou divorce dudit défunt, sinon suivre la déclaration telle qu'elle sera faite, de point en point, tel jour, telle heure, *nous sommes transportés en la susdite maison avec ledit déclarant, et après nous y être assurés par nous-mêmes du décès dudit* *et n'ayant pu nous procurer de plus amples éclaircissemens sur les noms, qualité, profession, demeure, âge et lieu de naissance dudit défunt, avons de tout ce que dessus dressé le présent acte que nous avons signé avec led.*

Nota. Dans le cas où la déclaration seroit assez complette pour donner tous les éclaircissemens requis pour les actes ordinaires de décès, et si le défunt ne se trouvoit pas être habitant de l'endroit où il est décédé, l'officier public de cet endroit devra envoyer l'extrait de l'acte qu'il aura dressé à l'officier public du lieu du domicile du défunt, qui le réservera, le transcrira sur ses registres, et pourra y attester sa véracité par la formule suivante, au bas de la transcription.

Certifié le présent acte, conforme à l'extrait adressé à nous officier public de cette commune, le par officier public de la commune d canton de district d département d que nous avons réservé. La signature.

Dans le cas d'envoi d'extrait d'acte de décès, par un officier public à un autre, je pense qu'il ne seroit pas inutile de faire mention en marge de la date de l'envoi et de la désignation de l'officier public auquel il aura été envoyé.

FORMULE d'acte de décès de personnes mortes de mort violente, et qui n'auront pu être inhumées, qu'après procès-verbal dressé par les officiers de police des différens arrondissemens où leur décès aura eu lieu.

Nota. Ces actes de décès ne pourront être dressés que sur l'avis qui en sera sur le champ donné à l'officier public du territoire où le décès sera arrivé, par l'officier de police, d'après l'extrait de son procès-verbal, relatif à l'accident, et conformément aux renseignemens que cet extrait contiendra sur les prénoms, noms, âge, lieu de naissance, profession et domicile du décédé.

V. art. VII, VIII *et* IX *du titre* V *de la loi du* 20 *sept.* 1792. *Etat civil des citoyens.*

LE etc. comme aux précédens actes, *sur l'avis verbal à nous donné le* ou *par écrit en date du* *à nous adressé par* *juge de paix,* ou *officier de police du canton d* *district d* *département d* *du décès de* prendre dans l'extrait du procès-verbal de l'officier de police, tous les renseignemens et énonciations, sur les prénoms, noms, âge, profession, demeure, lieu de naissance; prénoms, noms de l'épouse et des pére et mère du défunt, *nous avons dressé le présent acte, conformément à l'extrait du procè-verbal dudit officier de police, en date du* *à nous remis à l'instant*, ou *à nous envoyé avec l'écrit susdaté, et avons signé.*

A l'égard des suppliciés, en vertu des jugemens, je pense que lorsque leur mort sera déclarée par leurs parens, l'acte devra être dressé à l'ordinaire.

Mais lorsque ces mêmes suppliciés ne seront réclamés par personne, et que la déclaration de leur décès ne pourra par conséquent être faite que par un officier de justice, ce sera à l'officier qui aura assisté à l'exécution, à en faire la déclaration, peut-être même à délivrer extrait du procès-verbal, pour être en conséquence procédé, comme dans le cas de mort violente.

FORMES ET PROCÉDURES

A SUIVRE

POUR PARVENIR AU DIVORCE.

FORMES ET FORMULES

Pour Divorce provoqué de consentement mutuel.

LA première démarche des deux époux est de s'assurer, chacun de son côté, de trois parens ou amis au moins, pour former à jour fixe une assemblée de famille.

Cette assemblée de famille n'est autre chose, vis-à-vis des deux époux, qu'un bureau de paix, dont tout le but doit être de les concilier, c'est-à-dire, de les amener à renoncer réciproquement à leur demande en divorce.

Si la conciliation n'a pas lieu, cette assemblée n'a d'autre fonction à remplir, que de faire la déclaration de cette non-conciliation, à un officier municipal, qu'elle doit requérir au même instant pour en dresser procès-verbal exprès.

Il ne sera peut-être pas inutile de prévenir d'avance un officier municipal du jour de l'assemblée et de s'assurer de lui, à l'effet de l'acte de non-conciliation, si elle avoit lieu.

L'acte de convocation peut être celui qui suit, pour les deux époux.

Le du mois d l'an mil sept cent de la république française, à la requête de, les prénoms et noms de famille des deux époux, *demeurans à où ils font élection de domicile, époux provoquant leur divorce, de consentemens mutuel, j'ai,* l'immatricule de l'huissier, *soussigné, déclaré et signifié aux citoyens,* les noms, qualités et demeures des personnes indiquees par le mari, *nommées par ledit citoyen,* le nom de l'époux, *l'un des deux époux, et aux citoyens,* les noms, qualités et demeures des personnes choisies par la femme, *nommés par,* les noms de famille de la femme, *épouse dudit citoyen, pour composer l'assemblée de parens, sur leur demande en divorce, de consentement mutuel; que ladite assemblée aura lieu de ce jour en un ou deux mois,* telle heure *du matin*

matin ou *de relevée*, indiquer l'endroit où elle doit se tenir. *Et aux mêmes requêtes, j'ai sommé en tant que de besoin lesdits citoyens nommés par lesdits époux, de se rouver au jour, lieu et heure indiqués, pour former ladite assemblée, les entendre l'un et l'autre, et faire ainsi qu'il est prescrit par la loi du 20 septembre 1792, art. IV, paragr. II,* Modes du divorce; *et ai à chacun desdits citoyens susnommés, qualifiés et domiciliés, en leursdits domiciles et parlant comme dessus, laissé copie du présent.*

Nota. Le délai ordinaire entre époux majeurs et sans enfans n'est que d'un mois, du jour de la sommation à celui de l'assemblée.

Mais il faut bien observer que le délai doit être de deux mois, si les époux sont tous deux mineurs ou l'un d'eux seulement, ou si étant tous deux majeurs, il existe des enfans de leur mariage, aux termes de l'art. VII, du paragraphe II. *Modes du divorce*, de la loi du 20 septembre 1792.

Au jour indiqué par la sommation, si quelques parens ou amis ne se trouvoient pas à l'assemblée, les époux les feront chacun de leur côté, remplacer par d'autres.

L'assemblée complette, les deux époux s'y

présenteront en personne, exposeront leurs demandes en divorce, répondront à toutes les interpellations qui leur seront faites par les parens ou amis assemblés, lesquels alors ne doivent plus se considérer comme devant être plus pour l'un que pour l'autre; mais bien comme étant pour l'un et l'autre en même-temps, et n'ayant d'autre rôle à remplir que celui de conciliateur.

Si la conciliation a lieu, la mission de l'assemblée est finie, et par cela même les demandes en divorce éteintes.

Si la conciliation n'a pas lieu, les parens et amis assemblés doivent requérir un officier municipal pour dresser l'acte de non conciliation; dont la formule est ci-après :

FORMULE d'acte de divorce, par consentement mutuel, qui doit être dressé par l'officier municipal.

Cet acte n'est autre chose qu'un acte de non-conciliation déclarée par les parens assemblés, de mari et femme demandant mutuellement le divorce.

V. *Art.* IV. *Loi du* 20 *septembre* 1792. *Paragraphe* II. *Modes du divorce.*

Le jour du mois de l'an mil sept cent de la république française, nous officier municipal de la commune d canton d district d département d requis exprès par les ci-après nommés, nous sommes transportés, désigner la maison où se sera tenue l'assemblée de parens, *et y étant dans* telle pièce, la désigner par étage, vue, et l'usage auquel elle peut servir, énoncer les prénoms, noms, âge, profession, domicile, dégré de parenté ou énonciation de voisinage des personnes formant l'assemblée de famille; *lesquelles nous ont déclaré que par acte d huissier, en date du dont ils nous ont représenté chacun copie, et à la requête de*, les prénoms, noms, âge, profession et domicile des époux provoquant leur divorce de consentement mutuel, *présens, ils ont été convoqués en assemblée de parens, aux termes de la loi du 20 septembre 1792. Art.* I, II *et* III *du paragraphe* II, *ayant pour titre, Modes du divorce, pour les entendre respectivement, et essayer de les concilier sur leurdite demande à fin de divorce; qu'après les avoir entendu l'un et l'autre, leur avoir proposé tous les moyens de conciliation possibles, et n'ayant pu les y amener, ils nous font la présente déclaration de non-conciliation entre lesdits deux époux, sur leur demande respective en divorce de consentement mutuel, pour leur valoir et servir en temps et lieu, dont acte; et ont lesdits parens ou voisins assemblés, et lesdits époux, signé avec nous.*

Dans le cas où il se trouveroit une ou plusieurs personnes qui ne sauroient ou ne pourroient signer, il faut en faire mention.

Cet acte parfait doit être remis par l'officier municipal au greffe de la municipalité.

L'expédition doit en être délivrée aux époux la requérant, sans frais ni enregistrement.

Un mois après, à compter de la date de cet acte, si les époux sont tous deux majeurs et sans enfans, ou deux mois après, s'ils sont mineurs ou l'un d'eux, ou si étant majeurs ils ont des enfans, et six mois au plus après le même acte, les époux pourront se présenter devant l'officier public pour faire prononcer leur divorce.

A cet effet, les époux ou l'un d'eux prendra jour et heure de l'officier public.

Au jour et heure qu'il aura indiqué, les époux

se présenteront devant lui avec deux témoins chacun ; ils lui présenteront l'expéditeon de l'acte de non-conciliation, dont il est ci-dessus question, requerront la dissolution de leur mariage, et il sera dressé l'acte dont la formule suit :

FORMULE d'acte de divorce par consentement mutuel, à dresser par l'officier public, commis pour recevoir les actes de mariage.

Nota. Cet acte ne pourra avoir lieu qu'un mois au moins après celui de non-conciliation, pour les époux majeurs et sans enfans, deux mois après ce même acte de non-conciliation pour les époux mineurs ou majeurs, ayant des enfans.

Et six mois au plus après ce même acte de non-conciliation pour les époux majeurs ou mineurs, ayant ou n'ayant pas d'enfans.

Après le terme de six mois de la date de l'acte de non-conciliation, l'officier public ne doit pas se permettre de prononcer le divorce.

Voyez art. II, III *et* IV, *section* V.

Loi du 20 *septembre* 1792. *De l'état*

civil des citoyens, et art. VII, *parag.* 11. *Loi du 20 septembre 1792. Modes du divorce.*

LE etc., comme aux actes de mariage, *en la maison commune, devant nous,* etc. ou *maire*, etc., *se sont présentés*, les prénoms, noms, âge, profession et domicile des époux, *accompagnés de*, les prénoms, noms, âge, profession et domiciles des quatre témoins, *tous quatre majeurs et témoins, amenés exprès, lesquels*, répéter les prénoms, et noms des époux, *nous ont déclaré qu'étant unis par mariage, duquel n'est issu aucun enfant*, ou bien *duquel est* ou *sont issus*, les noms des enfans et leur sexe; *et dans l'intention de provoquer, de consentement mutuel, la dissolution de leur mariage, ils ont, aux termes de la loi du 20 septembre 1792, convoqué une assemblée de parens en nombre requis par ladite loi; qu'ils se sont l'un et l'autre présentés à cette assemblée de parens; que les parens, après les avoir entendus l'un et l'autre, n'ayant pu parvenir à les concilier, ont fait avec eux dresser acte de cette non-conciliation par*, le nom de l'officier municipal qui aura dressé cet acte, *officier municipal de cette com-*

mune, lequel acte de non-conciliation, en date du lesd nous ont à l'instant représenté, ainsi que les originaux des actes par lesquels ladite assemblée de parens a été de part et d'autre convoquée à jour fixé; et lesdits en présence des témoins ci-dessus dénommés, qualifiés et domiciliés, nous ayant mutuellement requis de prononcer à l'instant la dissolution de leur mariage.

Nous, officier public susdit, vu les actes ci-dessus, et attendu qu'il en résulte que lesdits ont rempli les formalités et observé les délais prescrits par la loi, et qu'ils sont encore dans le tems utile, avons, en présence des témoins susdits, prononcé la dissolution du mariage qui a eu lieu entre lesdits dont acte, auquel ont signé lesdits et témoins, et nous, officier public.

Faire mention de ceux qui ne sauroient ou ne pourroient signer.

FORMES ET FORMULES

Pour Divorce par incompatibilité d'humeur.

LA première démarche à faire pour parvenir à ce divorce, sera de se retirer pardevant un officier municipal, pour avoir de lui indication de jour et heure d'assemblée de famille devant lui en la maison commune.

Cette indication de jour et heure doit être donnée à la suite d'un mémoire en forme de demande de divorce, qui peut être conçu ainsi qu'il suit :

AU CITOYEN (le nom),

OFFICIER MUNICIPAL.

LA citoyenne, le nom de famille et les prénoms, ou *le citoyen*, etc. *étant dans l'intention de provoquer son divorce, pour incompatibilité d'humeur ou de caractère, d'avec* *vous prie de lui indiquer jour et heure pour, aux termes de la loi, être devant vous tenue une première assemblée de famille*, *composée des citoyens parens on amis des deux époux, en conséquence de ladite demande.* Et signer.

Au bas, l'officier public pent mettre cette formule :

Nous convoquons l'assemblée ci-dessus requise, aux termes de la demande dudit ou *de ladite* *à* tel *jour*, telle *heure* et tel *lieu. Fait à*, etc. Et signer.

Nota. L'officier municipal et le demandeur en divorce doivent s'entendre sur l'indication de jour à donner, de manière qu'il puisse y avoir un mois plein, du jour de la signification faite au défendeur, à celui de l'assemblée.

L'époux demandeur fera signifier le tout à l'autre époux par un huissier.

ACTE à signifier à l'époux défendeur.

En tête la copie de l'acte ci-dessus, en entier.

Le du mois d l'an mil sept cent de la république française, à la requête de, les noms, prénoms, qualités et demeure de l'époux, avec élection de domicile, *j'ai*, l'immatricule de l'huissier, *soussigné, donné copie au*, les noms, prénoms, qualités et demeure de l'époux auquel cet acte sera signifié, *de la demande en divorce présentée par au citoyen officier municipal, de l'indication de jour, lieu et heure pour l'assemblée de famille donnés, aux termes de la loi, par ledit officier municipal, ensuite de ladite demande; lui déclarant que pour, de sa part, former ladite assemblée, ledit citoyen* ou *ladite citoyenne nomme les citoyens*, les noms, prénoms, qualités et demeures des parens ou amis indiqués par le provoquant divorce, *avec sommation audit de se trouver aux lieu, jour et heure indiqués pour ladite assemblée, et invitation d'y faire trouver de sa part le nombre de parens ou amis requis par la même loi, protestant ledit en cas de-non-comparution dudit en personne à ladite assemblée, ou à défaut par lui d'y faire trouver de sa part le nombre de parens ou amis nécessaires, de prendre avantage, et j'ai*, etc.

Aux jour, lieu et heure indiqués, l'époux demandeur doit se trouver au lieu désigné, avec les parens ou amis qu'il aura nommés; et si l'un d'eux ne pouvoit s'y trouver, en avoir un autre tout prêt à le remplacer.

Si l'époux défendeur se présente avec des

parens ou amis en nombre suffisant, l'officier municipal doit ouvrir l'assemblée de famille comme il est dit en la formule ci-après.

Si la conciliation n'a pas lieu, l'officier municipal sera rappelé, et continuera son acte ainsi qu'il est dit en la susdite formule.

FORMULE d'acte de divorce pour incompatibilité d'humeur ou de caractère, sans autre indication de motif.

Nota. Cette espèce de divorce ne devant être prononcé que d'après trois assemblées consécutives de parents, tenues à differens délais, et toutes trois devant un officier municipal, qui à chaque assemblée doit dresser acte de leur résultat, on fera précéder l'acte définitif, des formules d'actes de l'officier municipal.

Il est à observer que l'officier municipal, devant qui l'assemblée sera convoquée, doit se retirer au moment des débats entre les époux, et ne rentrer que pour dresser acte du résultat qui lui en sera déclaré par les parens.

Voyez art. VIII, IX, X, XI, XII *et* XIII, *loi du* 20 *septembre* 1792, *parag.* II. *Modes du Divorce.*

LE *etc. en la maison commune d* *etc.* désigner la pièce, *devant nous* *officier municipal, en conséquence de l'indication à ce jour, lieu et heure de nous donnés pour la tenue d'assemblée de parens, aux termes de la loi du 20 septembre 1792, sur la demande en divorce pour cause d'incompatibilité d'humeur et de caractère, intentée par* les prénoms, noms, âge et profession du demandeur, *contre* les prénoms etc., du défendeur, *se sont trouvés réunis les*, les prénoms, noms, âge, profession domicile des parens ou voisins, avec énonciade leur nomination par chacune des parties, leurs dégrés de parenté à chacune d'elle, *ensemble lesdits* noms des époux; *et ladite assemblée de parens ainsi formée, et étant sur le point d'entendre lesd.* *sur la demande en divorce dont il s'agit, et faire de leur part ce qui leur est prescrit par ladite loi, nous, officier municipal nous sommes retirés.*

Et ayant été rappelé par lesdits parens assemblés, après tous débats de famille terminés, et lesdits parens nous ayant déclaré qu'ils avoient inutilement employé tous les moyens de conciliation possibles envers lesd.

nous

nous ont également déclaré qu'ils s'ajournoient conformément à l'art. x *de la loi déjà citée, parag.* 11, *modes du divorce, à deux mois de ce jour, au même lieu, jour et heure, auquel lesd. époux seront tenus de se rendre pour être procédé par suite aux termes de la même loi. Dont acte, et ont lesdits parens et lesdits époux, signé avec nous.*

Ou faire mention de ceux qui n'auroient pas pu, su ou voulu signer.

SECONDE ASSEMBLÉE.

FORMULE de l'acte qui doit en être dressé.

Et ledit jour, la date du jour d'échéance des deux mois de prorogation *l'an* etc. *jour d'échéance de la prorogation portée en l'acte précédent*, (les actes doivent être à la suite les uns des autres) *en la maison commune, devant nous officier municipal* etc., *se sont de nouveau réunis en assemblée de famille, sur la demande en divorce énoncée au précédent acte, les citoyens* etc. comme au précédent acte,

Et ayant été rappelé etc.,

lesd. nous ont également déclaré

qu'ils s'ajournoient conformément à l'art. XI, *de la loi déjà citée parag.* 11, *mode du divorce, à trois mois* etc.; le surplus comme au précédent acte.

TROISIÈME ASSEMBLÉE.

La formule peut-être la même que la précédente, à l'exception de l'énonciation du jour de l'échéance de la prorogation de trois mois, et de ce qui suit :

Et ayant été rappelé par lesdits parens assemblés, après tous débats de famille terminés, lesdits parens nous ont définitivement déclaré qu'ils avoient inutilement employé envers lesdits deux époux tous les moyens de conciliation, sans pouvoir les amener à aucune. Dont acte, et ont lesdits parens et époux susnommés, signé avec nous.

Comme il pourroit arriver que les trois actes ci-dessus ou l'un d'eux, eussent lieu en l'absence du défendeur, il faudra dans ce cas dresser l'acte en conséquence et dans les susdites formules.

Nota. Il seroit possible que l'époux défendeur fît défaut, et par lui, et faute d'avoir nommé de sa part des parens ou amis pour composer l'assemblée de famille.

Dans le cas où l'époux défendeur feroit seulement défaut de sa personne, il faudra le constater à chaque assemblée auxquelles cela arrivera, et n'en pas moins aller son train pour les remises.

Mais alors je crois que l'acte entier devra être signifié au défaillant, avec sommation de se trouver à la première assemblée.

Dans le cas où l'époux défendeur ne se présenteroit pas aux assemblées, et n'y feroit pas trouver le nombre de parens que la loi l'autorise d'y fournir, je pense qu'il ne faudroit pas moins suivre sur défaut de ce défaillant, de ses parens ou amis, parce que la loi ne peut rien vouloir d'inutile, et que les législateurs n'ont pu avoir l'intention de donner à l'un des époux la faculté ou les moyens d'en éviter l'effet vis-à-vis du demandeur, en ne l'exécutant pas lui-même.

Mais dans ce cas aussi, je crois qu'il faudra, à la suite de chaque assemblée, en signifier l'acte à l'époux défaillant, avec sommation à chaque fois de se trouver à la prochaine assemblée, et d'y faire trouver de sa part le nombre de parens requis par la loi.

Et en cas de défaut de l'un et des autres,

constater le tout par l'acte, et suivre jusqu'à la dernière assemblée, qui, dans le cas présent, fera dresser en conséquence du défaut ou des défauts l'acte définitif de non-conciliation, lequel devra être également signifié au défaillant.

Si dans le cours des assemblées de famille quelques parens ou amis des parties ne s'y rendoient pas, les époux présens pourront les faire remplacer par d'autres.

Il en sera de même pour l'officier municipal; mais le tout devra être constaté par l'acte, et à l'instant de la formation de chaque assemblée.

Le temps pour donner défaut pourra être de trois heures, c'est-à-dire, d'une vacation ordinaire; ce qu'il faudra aussi constater par l'acte.

A défaut de la loi, il peut à cet égard s'établir une jurisprudence raisonnable.

Huitaine au moins, ou au plus six mois après la date du dernier acte de non-conciliation, l'époux demandeur se présentera devant l'officier public de la commune où demeure le mari, et requerra de lui jour et heure pour la prononciation de la dissolution de son mariage.

La formule de cette réquisition peut être celle-ci :

AU CITOYEN OFFICIER PUBLIC

EN LA COMMUNE DE

LA citoyenne ou *le citoyen* *ayant provoqué son divorce, pour incompatibilité d'humeur, d'avec* *les assemblées de famille ordonnées par la loi, par suite de cette provocation, ayant eu lieu, sans qu'il y ait eu de conciliation entr'eux, ainsi que ledit* *en justifiera, vous requiert, citoyen, de lui indiquer jour et heure pour la prononciation de la dissolution de son mariage, conformément à la loi.*

Et signer.

Au bas, l'officier public peut mettre cette formule, en observant que le délai doit être de trois jours, plus un jour par dix lieues, dans le cas où le domicile de l'époux contre lequel on poursuit le divorce ne seroit pas établi dans la même commune qu'habiteroit le demandeur.

Le, tel jour, telle heure, *le citoyen* ou *la citoyenne* *se rendra, avec ses témoins, devant nous, à l'effet de la réquisition ci-dessus.*

Fait à

Et signer.

Cet acte doit être signifié à l'époux défendeur, avec sommation de se trouver, aux jour et heure indiqués, en la maison commune.

Le jour et à l'heure indiqués, l'époux poursuivant la dissolution de son mariage doit se trouver devant l'officier public avec quatre témoins, être muni de l'expédition des actes d'assemblées de famille, qui auront eu lieu, de la sommation faite à l'époux de se trouver au même lieu, et faire, en présence de l'autre époux ou en son absence, prononcer la dissolution de son mariage.

FORMULE d'acte à dresser par l'officier public, pour divorce d'incompatibilité d'humeur et de caractère, sans autre motif.

Nota. Dans ce cas, la prononciation de dissolution de mariage par l'officier public, ne doit avoir lieu que huitaine après la date du dernier acte de non-conciliation, et ne pourra plus l'être passé six mois, à compter de cette même époque.

V. art. XIV. *Loi du* 20 *septembre* 1792, *parag.* II. *Modes du divorce.*

LE, etc. comme au précédent. *S'est,* en cas de défaut, ou *se sont présentés,* les noms de l'époux qui se présentera, ou de tous deux, *accompagnés*, etc, les noms des quatre témoins, *tous quatre majeurs et témoins amenés exprès.*, *et ledit*, le nom de l'époux qui aura provoqué la demande en divorce *nous ayant déclaré que par acte de huissier, en date du il a provoqué devant officier municipal de cette commune, en la maison commune, une assemblée de famille, sur sa demande en divorce avec ledit pour incompatibilité d'humeur et de caractère entre eux; que cette assemblée, et deux autres suivantes ayant eu lieu, aux termes des articles* x, xi *et* xii *de la loi du* 20 *septembre* 1792, *parag.* ii., *modes du divorce., sans que lesdits parens assemblés ayent pu les accorder, il lui a été délivré expédition des actes résultans de ces trois assemblées consécutives tenues aux dates des et dont le dernier porte certificat définitif de non-conciliation; qu'il a fait faire en conséquence le par acte de huissier, sommation à* contre *lequel est dirigée la demande en divorce dont il s'agit, de se trouver cejourd'hui*, telle heure, *devant nous, au lieu où nous sommes, pour voir prononcer la dissolution de leur mariage ; qu'il nous requiert en conséquence, si ledit duement sommé ne se présente, de prononcer même en son absence, et en présence des témoins ci-devant dénommés, la dissolution de son mariage avec*

Sur quoi, nous, officier public, vu tous les actes ci-devant énoncés et datés, attendu qu'il en résulte que ledit a observé toutes les formalités et délais prescrits par la loi du divorce, et relatifs à l'espèce dont est ici question, avons, en présence de ou *en l'absence de lequel ne s'est présenté, quoique sommé, et en présence des témoins ci-dessus dénommés et qualifiés, sur la requisition expresse de étant encore dans le temps utile, prononcé la dissolution du mariage qui a eu lieu entre lesdits dont acte, auquel a signé,* ou *ont signé ledit* ou *lesdits et témoins, avec nous.*

FORMES ET FORMULES DU DIVORCE

Par suite de jugement de séparation de corps, ou de condamnation à des peines afflictives, ou enfin pour absence de cinq ans, sans nouvelles.

DIVORCE par suite de jugement de séparation de corps.

Tous époux munis de pareils jugemens, peuvent directement, et sans aucun délai d'épreuve, se présenter devant l'officier public de la municipalité du domicile du mari, pour faire prononcer la dissolution de leur mariage, en observant toutefois de se pourvoir devant cet officier public pour avoir jour et heure à cet effet.

Et après avoir fait signifier à l'autre époux cette indication de jour, ainsi qu'il est dit *page* 197, pour la prononciation du divorce par l'officier public, à la suite de la provocation des assemblées de famille, prescrites dans le cas du divorce pour incompatibilité d'humeur et de caractère.

Dans ce cas, l'époux demandant divorce doit, au jour indiqué par l'officier public, se présenter devant lui avec ses quatre témoins, lui représenter l'expédition du jugement qui a prononcé ladite séparation, les actes d'exécution, sans lesquels ce jugement a toujours été nul, et la sommation qu'il aura faite à l'autre époux de se trouver à pareil jour et heure indiqués pour voir prononcer le divorce.

FORMULE d'acte à dresser par l'officier public sur demande en divorce, par suite de jugement ayant prononcé séparation de corps, ledit jugement exécuté.

LE du mois d l'an mil sept cent soixante de la république française, devant nous officier public en la commune de canton de district de département de s'est présenté, les prénoms, nom, qualité et demeure de l'époux, *assisté de*, les noms, prénoms, qualités et demeures des témoins, au nombre de quatre, *témoins tous majeurs, amenés exprès, lequel* ou *laquelle nous a dit que par juge-*

ment du tribunal de *lors existant*, *en date du* *qu'il* ou *qu'elle nous a représenté en expédition en forme, sa séparation de corps d'avec* *a été prononcée; que ce jugement a été exécuté, ainsi qu'il résulte de*, énoncer les actes d'exécution, comme saisie-exécution, vente sur le mari, ou autre liquidation de communauté, ou tendant à l'opérer; *qu'elle nous a aussi représenté qu'après avoir pris de nous jour et heure pour, en conséquence de ces actes, faire prononcer la dissolution de leur mariage, conformément à la loi, elle* ou *il a fait signifier cette indication d'heure et jour audit citoyen* ou *citoyenne, avec sommation de se rendre devant nous, par acte de* *huissier, en date du* *qu'elle* ou *qu'il nous a encore représenté en original, duement enregistré; que vu tous ces actes, elle* ou *il requiert que, soit en présence ou en l'absence dudit* *encore son époux* ou *son épouse, nous prononçions la dissolution de leur mariage; et ledit* ou *ladite* *présent*, ou en cas d'absence de sa part, *ne s'étant pas présenté, nous, officier public, en présence des témoins ci-devant dénommés, qualifiés et domiciliés, et sur la réquisition expresse du citoyen* ou *de la citoyenne et aux termes de la loi, avons prononcé la dissolution du mariage qui a eu lieu entre lesdits dont acte, auquel a signé* ou *ont signé ladite* ou *ledit et lesdits témoins avec nous.*

Faire mention de ceux qui n'ont pu ou su signer.

S'il s'élève quelque contestation entre le mari et la femme, pour raison de la validité des actes représentés et servant de motifs et de base au divorce, l'officier public doit constater simplement le fait et le point de difficulté sans plus grande explication, et renvoyer l'un et l'autre devant le tribunal de district, qui devra prononcer en dernier ressort, si les actes représentés suffisent pour autoriser le divorce.

Dans le cas de contestation, au lieu de suivre la formule ci-dessus, il faut ainsi continuer :

Et ledit citoyen ou *ladite citoyenne présent*, exposer les faits de la contestation et son objet, *nous, officier pnblic, avons renvoyé lesdits époux pardevant le tribunal de district, pour être par lui décidé si les actes à nous représentés par l'un desdits époux, sont suffisans pour autoriser le divorce; et ont lesdits époux et les témoins signé avec nous.*

Faire

Faire mention de ceux qui n'auroient pas su ou voulu signer.

En cas de jugement favorable au demandeur en divorce, il reprendra la même marche que celle ci-devant indiquée, c'est-à-dire, se retirera devant l'officier public pour avoir jour et heure, les fera signifier à l'époux défendeur, se représentera au jour indiqué devant l'officier public.

L'acte sera dressé comme en la formule ci-devant donnée, si ce n'est qu'il y sera fait mention de la première présentation, de la contestation qui aura eu lieu, du renvoi au tribunal de district, et du jugement qui sera intervenu et qui sera représenté.

FORME et FORMULE des actes de divorce par suite de jugement de condamnation de l'un des époux à peine afflictive ou infamante.

DANS ce cas, l'époux demandeur en divorce n'aura d'autre démarche à faire, si le jugement dont il sera question est actuellement en exécution, que de prendre verbalement le jour et l'heure de l'officier public, et de se présenter devant lui, au jour et à l'heure indiqués, avec quatre témoins, et de justifier dudit jugement.

La formule peut être la même que la précédente, sinon qu'il n'y sera fait mention que du jugement dont il s'agit.

Si l'époux condamné se trouvoit sur les lieux, soit que le jugement n'ait pas encore été mis à exécution, soit que le terme de la peine fût expiré, l'époux demandant divorce devra tenir la même marche que celle indiquée pour l'époux antérieurement séparé de corps par jugement.

FORMES et FORMULES de divorce pour cause d'abandon pendant cinq ans, sans nouvelles.

DANS ce cas, l'époux qui aura intention de provoquer son divorce, devra d'abord faire constater par acte de notoriété ordinaire, passé devant notaire, que son mari est absent depuis plus de cinq ans du lieu où elle habite et où il a habité avec elle, sans nouvelles.

Muni de cet acte, l'époux divorçant se retirera vers l'officier civil, pour avoir jour et heure auxquels son divorce pourra être prononcé.

A ces jour et heure, il se présentera, accompagné de quatre témoins, devant l'officier public, lui exhibera son acte de notoriété, et requerra divorce.

L'acte se dressera comme pour les séparés de corps, en y faisant mention seulement de l'acte de notoriété.

Ce divorce est le seul après lequel et aussitôt la femme pourra épouser un autre que son premier mari.

Dans tous les autres cas de divorce, la femme ne pourra épouser un autre que son mari qu'un an après que le divorce aura été prononcé, à moins, selon moi; que le premier mari ne se remarie plutôt.

FORMES ET FORMULES DE DIVORCE

Pour causes de démence, folie ou fureur de l'un des époux;

De crimes, sévices ou injures graves de l'un envers l'autre;

De dérèglement de mœurs notoire;

D'abandon de la femme par le mari ou du mari par la femme, pendant deux ans au moins;

D'émigration dans les cas prévus par les loix, notamment par le décret du 8 avril 1792.

DANS ces différens cas, l'époux demandeur en divorce doit provoquer un tribunal de famille en la forme prescrite dans le code de l'ordre judiciaire.

Voyez *Manuel judiciaire;* toute la procédure à tenir s'y trouve.

L'acte à dresser par l'officier public est le même que les précédents, sauf l'énoncé des pièces à l'appui de la demande.

Le demandeur en divorce doit tenir au surplus la même marche, à partir du jugement définitif ou réputé tel ; car s'il y avoit appel de la décision du tribunal de famille, il faudroit le faire juger avant de se présenter devant l'officier public.

DÉCRETS ADDITIONNELS RELATIFS AU DIVORCE ET A L'ÉTAT CIVIL DES CITOYENS.

DÉCRETS ADDITIONNELS RELATIFS AU DIVORCE ET A L'ÉTAT CIVIL DES CITOYENS.

Décret qui autorise le conjoint demandeur en divorce, à faire apposer les scellés sur les effets mobiliers de la communauté.

Du 22 du 1er. mois de l'an IIe.

La Convention nationale, sur la proposition d'un membre, décrète ce qui suit :

Article premier.

En formant une demande en

divorce, s'il existe une communauté, le conjoint demandeur pourra faire apposer les scellés sur tous les meubles et effets mobiliers dépendant de ladite communauté.

II.

Ces scellés ne pourront, soit dans le cours de l'instance, soit après le jugement définitif, être levés qu'en procédant de suite à l'inventaire des choses y comprises, à moins que les deux parties ne consentent à une levée pure et simple.

Décret relatif à la publication et à la célébration du mariage.

Du 26 du 1er. mois de l'an IIe.

La convention nationale, après avoir entendu le rapport de ses comités de législation et d'instruction publique réunis, décrète qu'à compter de ce jour, pour la ville de Paris, et de celui de la publication du présent décret dans les départemens de la république, la publication ordonnée par l'article III de la section II du titre IV de la loi du 20 septembre 1792, pourra être faite dans les formes ordinaires tous les jours de la décade indistinctement, et que le mariage ne pourra être célébré avant le troisième jour qui suivra ladite publication, en comptant le jour de la publication pour le premier, et le jour de la célébration du mariage pour le troisième.

Décret qui fait concorder avec la nouvelle Ere républicaine, l'époque de l'envoi des registres destinés à constater l'état civil des citoyens.

Du 7 Frimaire, de l'an IIe.

La convention nationale, après avoir entendu le rapport de son comité de législation, décrète :

* * *

ARTICLE PREMIER.

Les directoires de district enverront chaque année aux municipalités, dans la première décade de fructidor, les registres pour constater l'état civil des citoyens; en conséquence les dispositions de l'article II du titre II de la loi du 20 septembre 1792, qui fixent cet envoi dans les premiers jours de décembre, sont rapportées.

II.

Pour compléter la deuxième année de la république, et atteindre au premier vendemiaire prochain, les directoires de district fourniront aux municipalités, dans les premiers jours de nivôse aussi prochain, les registres nécessaires, intitulés : *Registres supplémentaires à ceux commencés le premier janvier* 1793 (vieux style), pour constater les naissances, mariages et décès des citoyens.

Décret qui attribue aux Tribunaux de Famille la connoissance des Contestations relatives aux Droits des Époux divorcés.

Du 8 Nivôse, de l'an IIe.

La Convention nationale, après avoir entendu son comité de législation sur la pétition de la citoyenne *Lefebvre*;

Considérant que la loi du 20 septembre 1792 (vieux style), attribue aux tribunaux de famille les contestations qui s'élèvent entre les époux après la prononciation de leur divorce, dans les cas prévus par les articles VII et VIII du paragraphe III; que l'article IX du paragraphe IV renvoie aussi pardevant ces mêmes tribunaux les contestations relatives aux droits des époux d'avoir un ou plusieurs enfans, et celles relatives à l'éducation et aux intérêts de ces enfans; qu'il est de l'esprit de cette même loi d'attribuer aussi aux tribunaux de famille les contestations que des époux divorcés peuvent avoir sur le règlement de leurs droits, soit par rapport à la communauté des biens ou à la société d'acquêt, soit par rapport aux droits matrimoniaux emportant gain de survie;

Considerant qu'il s'élève une foule de réclamations contre les lenteurs que mettent les tribunaux de famille à terminer les affaires soumises à leur décision par la loi du divorce, et qu'il arrive souvent que, pendant ces délais, celui des époux qui est maître de la communauté en abuse pour la dilapider et changer de nature les effets qui en dépendent;

Considérant qu'il n'y a pas de raison d'empêcher un mari divorcé de se remarier immédiatement après le divorce, et une femme dix mois après, lorsque le divorce n'a pas pour cause l'absence du mari ;

Que dans ce dernier cas, si l'absence du mari, de dix mois avant le divorce, est constatée, il n'y a pas non plus de motif pour empêcher la femme de se remarier immédiatement après le divorce ;

Considérant enfin que les dispositions de la loi du 20 septembre 1792 donnent lieu à cet égard à beaucoup de réclamations, décrète ce qui suit :

Article premier.

Les tribunaux de famille auxquels sont attribués les jugemens des contestations entre maris et femmes, après le divorce, dans les cas prévus par les articles VII et VIII du paragraphe III de la loi du 20 septembre 1792, sur le divorce, et dans les cas prévus par l'article IX du paragraphe IV de la même loi, connoîtront aussi de celles relatives aux règlemens des droits des époux dans leur communauté, et de leurs droits matrimoniaux emportant gain de survie.

II.

Ces tribunaux de famille seront obligés de prononcer sur ces contestations dans le délai d'un mois après leur formation.

Les époux, ou l'un d'eux, pourront porter l'affaire soumise à la décision des arbitres de famille, pardevant le tribunal du district, si ces arbitres ont négligé de prononcer leur jugement pendant ce délai.

III.

Le mari divorcé peut se remarier

immédiatement après le divorce : l'épouse divorcée ne peut se remarier que dix mois après.

IV.

S'il est constaté que le mari ait abandonné depuis dix mois son domicile et sa femme, celle-ci pourra contracter un nouveau mariage aussitôt après le divorce.

FIN.

www.ingramcontent.com/pod-product-compliance
Ingram Content Group UK Ltd.
Pitfield, Milton Keynes, MK11 3LW, UK
UKHW020548180726
13838UKWH00001B/120

9 782329 426099